Färbst du noch oder lebst du schon?

AF185995

Bea Insel

Färbst du noch oder lebst du schon?

oder:
Die Psychologie
des Haarefärbens

© 2017 Bea Insel

Webseite: www.beas-schreibinsel.de
Facebook: https://www.facebook.com/AutorinBeaInsel/

Autorenfoto: Volker Fürste, Studio Blende 8
Korrektorat, Buchsatz: Jörg Querner, www.anti-fehlerteufel.de

Verlag: tredition GmbH, Hamburg

ISBN
Paperback   978-3-7439-3700-0
Hardcover   978-3-7439-3701-7
e-Book   978-3-7439-3702-4

Printed in Germany

Inhalt

Aschblond ist langweilig und fade?

Grau macht alt und farblos?

Was, wenn es anders wäre ...?

Für Ronja, Gertrud und Elisabeth

Eine Erklärung zuvor

Bevor ich mit dem eigentlichen Thema beginne, ist es mir wichtig zu betonen, dass sich dieses Buch in erster Linie an Frauen richtet. Deswegen verwende ich auch die weibliche Anrede.

Ich bin mir dessen bewusst, dass es auch „färbende" Männer gibt. Jegliche Diskriminierung oder Abwertung der männlichen Seite liegt mir fern. Natürlich sind auch die Herren herzlich eingeladen, dieses Buch zu lesen.

Meine eigene Haarfärbegeschichte ...

Als ich mir das erste Mal die damals überschulterlangen Haare färbte, war ich 17 und die Farbe Henna. Mein naturmittelaschblondes Haar erstrahlte nach der Prozedur in einem leuchtenden Karottenorange. Ich fand es megacool.

Wie meine Umwelt auf die offensichtliche Veränderung meiner Haarfarbe reagierte, weiß ich leider nicht mehr. Meine Mutter, damals selbst Friseurin, äußerte wahrscheinlich ihre Meinung, aber sie ließ mich ansonsten gewähren.

Ich war zu jener Zeit mit meiner ersten großen Liebe zusammen und auch er sagte wohl zu meinem Karottenhaar nichts Negatives, denn eine derartige Bemerkung wäre mir sicher in Erinnerung geblieben. Allerdings beendete er die Beziehung ein paar Monate später – wegen einer Blondine. Ich war am Boden zerstört.

Dennoch glaube ich im Nachhinein nicht, dass mein oranges Haupthaar der Grund oder Auslöser für den Schlussstrich war. Wir waren beide einfach jung und entwickelten uns weiter, jeder in seine eigene Richtung.

Nach der Trennung ließ ich meine Haare bis zum Kinn abschneiden und färbte es auf chemischem Weg in einem Kastanienton. Der Farbe blieb ich eine Weile treu, aber die Haare wurden nach und nach immer kürzer.

Mit 19 machte ich mein Abitur mit einem rotbraunen Kurzhaarschnitt, heute würde man die Frisur wohl einen „Pixiecut" nennen.

Die Haare blieben über einen langen Zeitraum sehr kurz, aber die Farbe wechselte des Öfteren. Zuerst ließ ich mir die

Farbe herauswachsen und trug zu Beginn meiner Studienzeit meine Naturhaarfarbe. Dann ließ ich die Haare wieder etwas länger werden, nur um sie dann wieder zum Pixie kürzen und weißblonde Strähnen einfärben zu lassen. Mit dieser Frisur bekam ich von allen Seiten positives Feedback.

Da ich aber mein langes Haar aus meiner Teenagerzeit sehr vermisste, ließ ich wieder wachsen und hellblonde Strähnen einfärben. Dem Blond folgte dunkles Rot und einige Zeit später erneut ein Pixie, diesmal in mystischem Schwarz …

Ich könnte diese meine ureigene „Haarfärbegeschichte" noch seitenlang weiter ausführen. Sie würde wahrscheinlich sogar ein eigenes Buch füllen, denn es sollten noch weitere 35 „Färbejahre" folgen. Zusammenfassend halte ich fest, dass meine „abenteuerliche" Haarreise bis zum Dezember 2016 andauerte. Zu dem Zeitpunkt war ich 56 Jahre alt.

Meine Haare und vor allem meine Kopfhaut haben also 39 Jahre lang stillschweigend das bunte, oft schädliche Treiben ertragen. Ja, sie haben es ertragen. Denn ich habe keine Haarfarbenallergie entwickelt, im Gegensatz zu manch anderer Frau. Außer gelegentlichem Haarbruch oder auch vermehrtem Haarausfall sowie hin und wieder Kopfhautjucken war trotz des Färbemarathons bei mir alles im grünen Bereich.

Dieser Umstand allerdings trug paradoxerweise dazu bei, dass ich erst jetzt, da am Naturansatz das eine oder andere silberne Haar blitzt, beschlossen habe, mit dem Färben aufzuhören und die Farbflasche *loszulassen*.

Es gab natürlich schon vorher mehrmals den einen oder anderen, eher halbherzigen Versuch, meine Naturhaarfarbe herauswachsen zu lassen. Aber ich hielt nie wirklich durch.

Der aschige Naturansatz sah in meinen Augen neben den rot bzw. schwarz gefärbten oder blondierten Längen einfach bescheiden aus. Zudem empfand ich mein Aschblond immer als (zu) fade und langweilig.

Diese Wahrnehmung änderte sich leider auch nicht durch die Lektüre etlicher Bücher, die das Thema „Haar" aus den verschiedensten (vor allem biologischen, natürlichen und esoterischen) Blickwinkeln unter die Lupe nahmen. Das Thema als solches faszinierte mich zwar immer mehr, meine Einstellung zu vielen diesbezüglichen Meinungen und Gewohnheiten änderte sich sogar grundlegend, aber das Gefühl meiner eigenen Haarfarbe gegenüber blieb eher negativ.

Dann stieß ich mit 46 im Internet auf ein Haarforum, dessen Mitglieder sich mit der Pflege, diversen Frisuren, dem Färben(!), aber vor allem dem Erreichen von (sehr) langem Haar beschäftigten. Ich verbrachte Stunden mit dem Lesen und Durchstöbern der verschiedenen Threads, denn mein aufgeregtes Interesse verriet, dass hier ein weiteres haariges Anliegen meinerseits reanimiert wurde, nämlich der schon lange gehegte Wunsch, wirklich langes Haar zu haben – und dies trotz meiner feinen, glatten Haarstruktur. Ich entdeckte Beiträge und Bilder von Frauen jeglichen Alters, die genau das geschafft hatten: Ihr Haar durch die richtige Pflege und vor allem Ausdauer lang zu züchten.

Meine Entscheidung stand fest: Das will ich auch! Also informierte ich mich gründlich darüber, mit welchen Mitteln man den Haarwuchs anregen kann. Es gibt da einige Möglichkeiten, aber bezogen auf unser Thema hier, dem Haarefärben, nenne ich mein Mittel Nummer eins, zumal es außer Farbe auch noch schönen Glanz, Griffigkeit und Volumen verleiht: Henna! Ja, da war es wieder. Das grüne Pflanzenpulver, das dem Haar und der Kopfhaut so viel Gutes tut.

Aber ich erinnerte mich auch an meine Hennaerfahrung, die ich mit 17 bereits gemacht hatte. Und mir graute vor dem Karottenkopf. Den wollte ich nun doch auch nicht mehr! Also suchte ich weitere Infos und entdeckte sowohl in Foren als auch über Videoanleitungen, wie man verschiedene Pflanzenhaarfarben miteinander mischen und so dem leuchtenden Orange auf dem Haupt vorbeugen kann. Es gibt natürlich auch Frauen, die genau *wegen* des Orangetons mit Henna färben, aber hierzu mehr im Kapitel „Eigene Farben".

Ich begann also, mit Pflanzenhaarfarben im Allgemeinen zu experimentieren und mich hierüber mit anderen Usern auszutauschen. Das machte mir eine Zeitlang großen Spaß, aber dann bemerkte ich, dass jede Mischung früher oder später rötlich wurde bzw. einen Kupferstich hatte, was mir als Sommertyp (siehe genanntes Kapitel) überhaupt nicht steht.

Also kehrte ich zurück zu den Chemiefarben. Zuerst griff ich vorsichtig zu den „Biohaarfarben" aus dem Reformhaus, die im Vergleich zu den handelsüblichen Drogeriefarben mit einem relativ geringen Chemieanteil auskommen, doch etwas später färbte ich auch wieder mit letzteren oder ließ professionell färben.

Mein „Haarzüchtprojekt" profitierte natürlich nicht im Geringsten von der Hin-und-Herfärberei, im Gegenteil, meine Haare brachen, trotz intensiver Pflege, immer mehr ab. Also ließ ich sie erst ein kleines und schließlich ein größeres Stück abschneiden oder nahm die Schere selbst in die Hand – ja, ich kann leider ganz gut mit der Haarschere umgehen, was sich auch nicht immer als haarwuchsfördernd erwiesen hat.

Welche Erkenntnis hat mich also nun dazu bewogen, das Färben sein zu lassen und meine Naturhaarfarbe in ihrer ganzen Schönheit neu zu ent-decken?

... und die Ent-deckung meiner Naturhaarfarbe

Abgesehen davon, dass regelmäßiges Färben der Haare mit viel Zeit- und Pflegeaufwand verbunden ist (was ich mir nach meiner Wahrnehmung immer „gegönnt" habe, Zeit nur für mich, eine Wellnesseinheit sozusagen), die Haare trotzdem zu Trockenheit neigen, so sind auch die verschiedenen Farbnuancen, die ich sonst regelrecht als „Versuchung", etwas Neues auszuprobieren, ein Abenteuer zu wagen, empfunden habe, doch nur künstlich und unnatürlich.

Nach Blondierungen musste ich immer gegen den unvermeidbaren (aufgrund eigener Rotpigmente) Gelbstich mit etlichen Silberpflegeprodukten ankämpfen, Dunkelbraun und Schwarz war immer am pflegeleichtesten, sieht aber an mir mittlerweile extrem hart und helmartig aus; Rottöne sind nur dann „natürlich", wenn sie auch warmtonig sind, und dann passen sie nicht zu meinem kühlen Farbtyp; kühle Rottöne wirken mir zu künstlich; Rottöne an sich bluten in der Regel zu stark aus (außer Henna und bestimmte physikalisch wirkende Farben), Brauntöne sind oft auch zu warmtonig oder zu künstlich bzw. helmartig.

Und jetzt kommt für mich das wichtigste Argument überhaupt, weswegen ich sehr neugierig auf meine Naturhaarfarbe bin:

Die Silberlinge! Ja, ich muss meine Haarfarbe nicht mehr ändern! Sie ändert sich von ganz alleine! Und *das* finde ich hochspannend! (Henna gibt es auch *nicht* färbend und so kann ich weiterhin die Vorteile dieser Pflanze nutzen, ohne orange auf dem Kopf zu werden.) Ein positiver Nebeneffekt wird mit Sicherheit gesünderes Haar und damit hoffentlich gesundes Haarwachstum (meine Haarschneidekünste werden sich auf den Pony beschränken müssen!) und nicht mehr vorhandener Haarbruch sein.

Und somit hätte ich sehr große Chancen, an meinem sechzigsten Geburtstag einen langen Silberzopf (oder zumindest einen silber durchzogenen Zopf) auf meinem Rücken zu tragen …

Warum dieses Buch?

Während der Recherche zum Thema wurde mir zunehmend bewusst, dass es eine große Anzahl von Frauen gibt, die nicht nur aus den verschiedensten Gründen ihr Haar färben, sondern die unter bestimmten Gegebenheiten mit dem Färben aufhören würden.

Wie genau diese Bedingungen ausschauen, erkennen wir aber erst, wenn wir uns die Frage stellen, welche Beweggründe im Einzelnen Frauen dazu bringen, ihre Haare – oft jahrzehntelang – zu färben und damit sogar fortzufahren, obwohl sich z. B. gesundheitliche Probleme durch die Haarfarbe entwickelt haben. Welche äußeren und inneren Zwänge lassen Frauen den Färbemarathon weiterlaufen? Gibt es einen gehbaren Weg aus dem Färbekreislauf, auf dem frau sich wohl-, gepflegt und (weiterhin) attraktiv fühlen kann?

Diesen und weiteren Fragen nachzugehen und Antworten darauf zu finden, waren mir ein tiefes Bedürfnis beim Verfassen dieses Buches.

Rea und Helene

Rea und Helene sind zwei fiktive Figuren, die zwei Typen der färbenden Frau verkörpern.

Rea ist 25 und färbt schon seit ihrem zwölften Lebensjahr. Damals fing sie mit Blondspray an, um ihr aschblondes Haar heller und etwas „lebhafter und frischer" zu bekommen, es folgten verschiedene auswaschbare Schaumtönungen, die nur vorübergehend Farbe ins Haar „zauberten", danach kamen die haltbareren Intensivtönungen.

Ihre Freundinnen waren allerdings etwas „mutiger" und färbten sich zunächst gegenseitig blonde Strähnchen, was ihnen nach drei Wochen aber zu langweilig erschien. Also verabredeten sie sich zu einer weiteren „Färbesession", aus der die eine Freundin mit weißblondem und die andere mit tiefschwarzem Haar hervorging.

Als Rea die beiden sah, war sie so sehr begeistert, dass sie kurzerhand in den nächsten Drogeriemarkt eilte und sich ihr Lieblingsrot kaufte. Eine der beiden Freundinnen verhalf ihr auch noch am selben Tag zum begehrten „Arielle-Haar" und das Trio lief für längere Zeit als „Schwarz-Rot-Gold" durch die Gegend. In der Schule waren sie schwer angesagt.

Rea wurde mit den Jahren immer mutiger und kreativer in Bezug auf ihr Haar und erfand sich immer wieder neu. Denn mit jeder Änderung der Haarfarbe oder auch des Cuts (sie konnte mittlerweile sehr gut mit Haarschere und Haarschneidemaschine umgehen) änderte sie auch ihr Outfit. Sie schlüpfte gerne in unterschiedliche Rollen und testete ihre Wirkung auf andere. Über das Internet konnte sie als Bloggerin und mit Tutorials auf Videoporta-

len eine noch größere Gruppe von Bewunderern erreichen.

*Inzwischen hat sie ihr Studium beendet und ihren fünfund-
zwanzigsten Geburtstag hinter sich (den sie mit einem grauen
Bobcut – dem aktuellen „Grannylook" – ausgiebig gefeiert hat).
Sie trägt seit einigen Monaten ihr Haar kinnlang mit Sidecut und
blondiert regelmäßig, um eine gute Basis für die auswaschbaren
Neonfarben zu haben. In ihrem Schrank ist der ganze Regenbogen
in Dosen zu finden.*

*Hin und wieder beschleicht sie der Gedanke, mit der Färberei
und Tönerei einfach mal aufzuhören. Aber wie? Alles einfach rauswachsen lassen? Allen Mut zusammennehmen und sich eine Glatze rasieren, um dann das Naturhaar wachsen zu lassen? Vielleicht
sogar mal so richtig lang bis zum Allerwertesten?*

Aber wie werden die anderen reagieren ...?

Überlassen wir Rea ihren Gedanken und wenden wir uns
nun Helene zu.

*Helene ist gerade 53 Jahre alt geworden. Ihr erstes graues Haar
entdeckte sie in ihren Zwanzigern und seitdem färbt sie in einem
natürlichen Braunton. Sie achtet generell auf ihr Äußeres, treibt
regelmäßig Sport und ernährt sich gesund. Sie hat einen recht
großen Freundes- und Bekanntenkreis und liebt es, ihre Freunde
regelmäßig einzuladen und sie als Gastgeberin zu verwöhnen. Ihre
Freunde wissen, dass sie sich auf Helene verlassen können und sie
immer da ist, wenn man sie braucht.*

*Diese Eigenschaften schätzt auch ganz besonders ihr Ehemann,
mit dem sie seit dreißig Jahren verheiratet ist. Er ist stolz auf seine
attraktive und liebevolle Frau, die ihn stundenweise beruflich im
Familienunternehmen unterstützt. Auch die beiden fast erwachse-*

nen Kinder schätzen ihre fürsorgliche Mutter sehr.

Helene war immer stolz darauf, dass sie jünger wirkt, als sie ist. Sicher trägt ihre gesunde Lebensführung dazu bei, außerdem hat sie noch nie geraucht und Alkohol ist auch nicht so ihr Ding. Aber sie selbst ist davon überzeugt, dass es vor allem ihre braunen Haare sind, die sie jünger machen.

Zumindest war sie es bis zu jenem Tag, als ihr ein Foto von sich und ihren beiden besten Freundinnen in die Hände fiel.

Auf jenem Bild sah sie ihre etwas jüngere blonde Freundin links, die andere ältere mit grauem Haar rechts von ihr und sie, Helene, in der Mitte mit einem regelrecht hervorstechenden, perückenartigen Etwas auf dem Kopf. Sie starrte das Foto an und ihr stockte der Atem. Nein, das kann doch nicht sein!? Das soll sie sein? Sie legte das Bild rasch in ihre Nachttischschublade (wegwerfen konnte sie es nicht) und wollte es vergessen. Aber der Anblick brannte sich in ihr Gedächtnis. Immer wieder, in den unpassendsten Momenten, flammte das Bild in ihrem Inneren auf und verunsicherte sie zutiefst.

Mittlerweile hat das erste graue Haar von damals eine Menge Verstärkung bekommen und Helene muss jetzt, wenn keiner bemerken soll, dass sie eigentlich schon schneeweiß ist, spätestens alle zwei Wochen nachfärben. Zum Friseur geht sie nur einmal im Monat und zwischen den Salonbesuchen muss sie selbst dem weißen Naturansatz den Garaus machen – manchmal sogar zweimal.

In der Überzeugung, diese regelmäßige Prozedur trage zu ihrem jugendlich gepflegten Erscheinungsbild bei, achtete sie sehr darauf, dass ihr Umfeld nichts von dem Weiß auf ihrem Kopf auch nur erahnen konnte. Jeden Morgen spürte sie irgendwelchen verräterischen Spuren auf ihrem Kopf nach. Hatte sie einmal keine Zeit zum Nachfärben, musste ersatzweise ein brauner Ansatzpuder her-

halten, der aber, ihrer Meinung nach, nicht stark genug abdeckte. Das Resultat war, dass sie sich den ganzen Tag unwohl fühlte und nicht entspannen konnte. Deswegen versuchte sie, solche Tage zu vermeiden und lieber zu früh als zu spät nachzufärben.

Aber nach jenem verhängnisvollen Foto war plötzlich alles anders. Sie fing an zu zweifeln. Da fiel ihr ein Artikel in einer Zeitschrift ein, der sie irgendwie sehr angesprochen hatte. Es war ein Bericht über graues Haar, eingerahmt mit einigen Abbildungen von grauhaarigen Frauen verschiedenen Alters. Ihre Haare strahlten in den unterschiedlichsten Nuancen und allen Längen. Wo hatte sie das Journal nur hingelegt? Sie war plötzlich ganz aufgeregt und fing an zu suchen. Im Badezimmerregal wurde sie schließlich fündig. Da fiel ihr ein, dass sie den besagten Artikel während ihres Entspannungsbades vor drei Tagen entdeckt und förmlich verschlungen hatte.

Die betreffende Seite schlug sie auch gleich auf und sie las den Bericht erneut, diesmal mit anderen Gedanken im Kopf. Und sie schaute sich die Bilder der Frauen an, die allesamt erstaunlicherweise kein bisschen alt ausschauten. Im Gegenteil, sie strahlten etwas Besonderes aus.

Helene überlegte. Ja, diese Frauen strahlten Selbstbewusstsein und Authentizität aus. Und sie waren schön. Jede Einzelne wirkte auf ihre ganz eigene Weise schön. Helene war total fasziniert. Am Ende des Artikels stand die Adresse einer Webseite zum Thema und auch Literaturhinweise.

Helene überlegte nicht lange, verschob ihren Einkauf auf später, setzte sich an den PC und stöberte drei Stunden im Internet, süchtig nach Infos über graues Haar und die Möglichkeiten des Übergangs vom gefärbten zum Naturhaar. Nach den drei Stunden stand ihr Entschluss fest:

Sie wird sich Unterstützung holen müssen, wenn sie ihr weißes Haar wirklich herauswachsen lassen möchte. Alleine würde sie es nicht schaffen. Sie braucht die Hilfe ihres Friseurs (wie wird der überhaupt reagieren?), um einigermaßen gepflegt und ansehnlich über die mehrfarbige Zeit zu kommen, und sie braucht den Beistand von Gleichgesinnten, um durchzuhalten und nicht aufzugeben. Denn Kritik wird mit Sicherheit von ihren Freunden und wahrscheinlich auch ihrer Familie kommen.

Im Internet hat sie entsprechende Foren und Gruppen von Frauen entdeckt, die den gleichen Weg gegangen sind oder noch gehen. Sie wird sich ihnen anschließen. Und dann fällt ihr ihre grauhaarige Freundin vom Foto ein. Die kann sie sicher mit ins Boot holen ...

So weit die Vorstellung unserer beiden Protagonistinnen.

Sie bilden jeweils ein Ende einer langen Scala von färbenden Frauen, deren Geschichten sehr unterschiedlich und doch ähnlich verlaufen können.

Die beiden werden uns im Laufe des Buches noch öfter begegnen ...

Warum färben wir uns überhaupt die Haare?

Rea hat sich mit ihrer Freundin, Helenes Tochter, verabredet. Lei-
der verspätet sich diese mal wieder, wie so oft. So kommt es, dass
die beiden Frauen bei einer Tasse Tee in Helenes gemütlicher Kü-
che sitzen und ins Gespräch kommen. Es dauert nicht lange und
sie unterhalten sich angeregt über ihr gemeinsames Thema „Haare-
färben".

Nachdem sie festgestellt haben, dass sie sich beide mit dem Ge-
danken tragen, der langen Färberei endlich ein Ende zu setzen, und
welche Überlegungen und Gefühle dies bei ihnen auslöst, ist es
Rea, die die Frage in den Raum stellt: „Warum färben wir Frauen
uns überhaupt die Haare und seit wann?"

Dieser Frage wollen wir im nächsten Kapitel nachgehen ...

Hilfreich bei der Beantwortung war mir das Werk von Ralf
Junkerjürgen, Professor für Romanistik an der Uni Regens-
burg, der sich mit dem Thema „Eine Kulturgeschichte der
Haarfarben in Europa seit der Antike" befasst hat.

Geschichte und Heute

Der Wunsch, sein äußeres Erscheinungsbild zu verändern, ist
wahrscheinlich schon so alt wie die Menschheit selbst.

Durch Schmuck und Kleidung ist es recht einfach, sein
Äußeres zu manipulieren, kann man doch beides nach Bedarf an- und auch wieder ablegen. Eine besondere Position
nehmen in diesem Zusammenhang auch Perücken oder

Haarteile ein, die bereits in der Antike Verwendung fanden. Bei den Römerinnen und Römern waren z. B. verarbeitete blonde Haare von germanischen oder britannischen Gefangenen sehr beliebt. Aber auch importiertes schwarzes Haar aus Indien war begehrt.

In der Zeit Ludwigs des XIV. trug man je nach Anlass verschiedene Perücken. Da aber geknüpftes Menschenhaar sehr teuer war, konnten sich dies nur gut situierte Käufer leisten. Die ärmeren Schichten mussten auf Perücken aus Ziegen- oder Pferdehaar zurückgreifen. Mit der französischen Revolution musste die Perücke als Sinnbild des Absolutismus jedoch ebenfalls abdanken.

Im 20. Jahrhundert besaß die modebewusste Frau der 60er Jahre mindestens ein Haarteil bzw. eine Perücke. Heute werden sie unter anderem in der Film- und Theaterbranche und im Bereich der Onkologie eingesetzt. Haarverlängerungen sind ein weiteres Thema unserer Zeit. Für die sogenannten Extensions wird hauptsächlich qualitativ hochwertiges, unbehandeltes, indisches „Tempelhaar" (den Göttern geopfertes Haar) verarbeitet. Allerdings werden mittlerweile auch recht gute synthetische Alternativen hergestellt.

Die Veränderung der Haarfarbe mit Pflanzenhaarfarben, wie Henna und Indigo, ist bereits vor 3000 bis 4000 Jahren im alten Ägypten nachweisbar. Henna wurde/wird nicht nur zur Haarfärbung, sondern auch zur Körperbemalung (sog. Mehndis) aus religiösen und ästhetischen Gründen benutzt. Pflanzenhaarfarben und insbesondere Henna wird auch heute von Frauen verwendet, die sich auf natürliche, nicht chemische Weise die Haare färben möchten.

Einigen Pflanzenpulvern wird inzwischen allerdings das farbverstärkende Paraphenylendiamin (PPD) zugesetzt, was zu schweren allergischen Reaktionen führen kann. Dies gilt besonders auch für das „schwarze Henna", das teilweise noch zur Gestaltung von Mehndis auf der Haut verwendet wird. (Es ist auf jeden Fall immer ratsam, reines Henna ohne chemische Zusätze zu verwenden, wenn man kein Risiko eingehen will.)

Die Kelten, Germanen und Römer waren sehr kreativ, wenn es um die Änderung ihrer Haarfarbe ging. So benutzten sie z. B. Kalklauge, Safran, Seife oder in Essig getauchte Bleikämme, um blonde, aber auch dunkle Farbtöne zu erzielen.

In der ersten Hälfte des 16. Jahrhunderts benutzten die Venezianerinnen breite Sonnenkrempen, auf denen sie ihr angefeuchtetes Haar ausbreiteten und es in den heißesten Stunden des Tages der Sonne zum Bleichen aussetzten. Wahrscheinlich stammt daher der Ausdruck „Venetian Blonde", denn sicher wurden die von Natur aus meist dunkelhaarigen Venezianerinnen auf diese Weise nicht „richtig" blond, sondern bestenfalls rotblond, venetian blonde eben.

Blond war aus unterschiedlichen Motiven heraus schon immer eine begehrte Haarfarbe und wurde mit allen Mitteln zu erreichen versucht. Manch antiker Herrscher bestäubte sein Haar mit Goldstaub, um es heller und leuchtender, ja „göttlicher" erscheinen zu lassen.

Auch im Mittelalter gab es mehrere Methoden, seine natürliche Haarfarbe zu verändern. Gerade rothaarige Frauen, die Gefahr liefen, wegen ihrer Haarfarbe als Hexe verschrien, verfolgt und auf dem Scheiterhaufen verbrannt zu werden, griffen zu allen möglichen und aus unserer heutigen Sicht auch ekelerregenden Mitteln (z. B. einer Paste aus roten gesalzenen Schnecken, gebrannten Bärenknochen, Eidechsenfett, Schwalbendreck), um ihr rotes Haar aufzuhellen oder dunkler zu machen.

Blondes Haar war oft das begehrteste, erinnerte es durch seine Farbe doch an die leuchtende Sonne und das edle und wertvolle Metall Gold. Rotes Haar hingegen galt seit Urzeiten als Makel, seinem(r) Träger(in) wurde Jähzorn und Verrat oder auch sexuelle Lüsternheit unterstellt.

Bereits in der Antike wurde Frauenkosmetik mit Prostitution gleichgesetzt. So kleideten und schminkten sich Prostituierte sehr farbig und auffällig, um als solche erkannt zu werden. Oft trugen sie auch Perücken.

In Zeiten, als die christliche Kirche große Macht und Einfluss besaß, erteilte sie klare Vorgaben, dass das Aussehen der Frau göttlich gewollt und gegeben sei und der Mensch nicht das Recht hätte, selbiges zu verändern, anderenfalls versündige er/sie sich und sein/ihr Seelenheil sei gefährdet. Eine tugendhafte Christin hatte bescheiden und züchtig zu sein und nicht das Aufsehen ihrer Mitmenschen zu erregen.

Dieses kirchliche Gebot einerseits, andererseits aber auch die (berechtigte) Angst vor gesundheitlichen Risiken ließ manche Frau vor Haarfärbeexperimenten zurückschrecken.

Denn viele frühere Methoden, die natürliche Haarfarbe zu verändern, waren extrem gesundheitsschädlich. Da war der oftmals durch chemische Reaktionen auftretende Gestank eher das kleinere Übel (sofern die Schleimhäute dadurch nicht übermäßig gereizt wurden).

Mit der beginnenden Industrialisierung im 19. Jahrhundert und der hierbei entstehenden Haarkosmetikindustrie entstanden nach und nach bessere und schonendere Techniken zur Haarfärbung:

1867 wurde das Wasserstoffperoxid entdeckt. 1883 folgte die Entwicklung des ersten dauerhaft haltbar synthetischen Farbstoffs für Haare.

Ab 1900 enthielten die Färbemittel anorganische Metallsalze und konnten durch die chemische Reaktion Farbtöne von Blond bis Schwarz erreichen. *(Ullmanns Encyclopädie der technischen Chemie, 3. Aufl., Bd. 10, S. 734)* 1888 wurde festgestellt, dass der chemische Stoff p-Phenylendiamin sich zur schonenderen Haarfärbung eignet.

1907 kam eine Haarfarbe auf p-Phenylendiamin-Basis auf den französischen Markt, die viel schonender war als die zuvor entwickelten Farben mit Metallsalzen. (Der giftige Stoff kann bei empfindlichen Menschen trotzdem Ekzeme und Haarausfall verursachen.)*(Chemisches Zentralblatt 1898, S. 131)*

Schließlich erschien 1948 die erste Haarfärbemittelserie (Polycolor) für den Heimgebrauch.

Besonders das neu entstehende Medium „Fernsehen", aber auch Kinofilme und Frauenzeitschriften boten sich als ideale Plattform für gezielte Werbung an, um Käuferinnen der neu entwickelten Produkte zu gewinnen.

Es galt, die über Jahrhunderte genährten Vorbehalte in den westlichen Gesellschaften aufzulösen. Dieses Ziel wurde insbesondere durch Werbekampagnen nach dem Zweiten

Weltkrieg erreicht, in denen die Qualität der künstlichen Haarfarben hervorgehoben wurde. Sie versprachen der potenziellen Kundin, dass ihre gefärbten Haare als „echt", also ungefärbt erschienen und sie somit nicht mehr als „färbende Frau" zu identifizieren sei.

Und wieder war es die Haarfarbe „Blond", die als *das* Ideal angepriesen und vermarktet wurde. Der Film „Blondinen bevorzugt" aus dem Jahr 1953 und der Werbeslogan von 1960 der Firma Clairol: „If I've only one life, let me live it as a blonde" sind nur zwei Belege dafür.

Bis zu den 70er Jahren stieg der Anteil der Haare färbenden Frauen von 7 auf 40 %, Anfang des 21. Jahrhunderts waren es in der EU 60 % der Frauen (und 5–10 % der Männer). Tendenz weiterhin steigend. *(Vgl. Junkerjürgen, R.: S. 250-259; 263)*

So weit die Ausführung der historischen Entwicklung der Haarfarbe. Aber Reas Frage nach dem „Warum" ist damit noch längst nicht beantwortet. Welche Aspekte spielen eine Rolle beim Verändern der natürlichen Haarfarbe?

Schönheit, Medien, Emotionen

Das mit Gold bestäubte Haar früherer Herrscher zeigte deren Macht und „Göttlichkeit". Die aus dem Blondhaar germanischer Sklavinnen gefertigten Haarteile und Perücken der Römerinnen waren ein Zeichen von Luxus und Wohlstand. Das mit Henna gefärbte und geölte Haar der Inderinnen basiert zusammen mit den Mehndis auf einem religiösen Ritual. Zudem profitiert die Gesundheit von der Hennapflanze, es gibt also auch einen medizinischen Aspekt.

Aber ein Gesichtspunkt spielte neben kulturellen, religiösen, gesundheitlichen und Standesmotiven schon immer eine Rolle. Und das ist der ästhetische. Es liegt in der Natur des Menschen und jener der Frau wohl im Besonderen, sich zu schmücken und zu verschönern. Natürlich könnte ich hier evolutionäre Gründe heranziehen und deren einfachste Formel anwenden: Schönste Frau und stärkster Mann ergeben die gesündesten Nachkommen. Aber so einfach ist es dann doch nicht. Oder etwa doch?

Gehe ich von dieser Formel aus, was impliziert dann der Ausdruck „Schönste Frau"? „Schön" ist in diesem Zusammenhang ein Synonym für „gesund". Reine, glatte Haut und seidig glänzendes Haar sind ein Zeichen, dass ihre Trägerin dank guter Ernährung gesund ist. Genauso wird der „stärkste" Mann als der „gesündeste" interpretiert. Denn nur ein gesundes Elternpaar kann auch gesunde Kinder zeugen und empfangen bzw. gebären und somit zur Erhaltung der Art beitragen. Wir wollen also schön, sprich gesund aussehen.

Es fehlt noch eine Eigenschaft, um die Sache rund zu machen. Na? Welche ist das wohl? Genau. Es geht um das Wörtchen „jung"! Die schöne, gesunde und junge Frau ist laut Evolution die Wahl Nummer eins, wenn es darum geht, möglichst gesunde Nachkommen zu erhalten.

Löst dieser Gedankengang etwa Unwohlsein oder gar Ärger in Ihnen aus? Weil ich es mir offensichtlich zu einfach mache? Ich möchte Sie beruhigen, liebe Leserin. Ich mache es mir ganz und gar nicht einfach. Aber ich habe diese Formel im Hinterkopf, weil sie mir hilft, einige Zusammenhänge und Verhaltensweisen zu verstehen.

Wir machen uns sicher nicht hübsch, um mit dem nächstbesten „starken" Mann gesunde Kinder in die Welt zu setzen. Na ja, vielleicht tun das einige von uns doch, aber was ist mit dem Rest von uns? Was ist mit den Frauen, die die Familienplanung abgeschlossen oder sich dafür entschieden haben, keine (eigenen) Kinder zu wollen?

Gehen die dreckig und verwahrlost auf die Straße? Doch eher nicht. Natürlich gibt es auch Männer, die keine (eigenen) Kinder möchten, und falls wir auf Partnersuche sind, geben wir uns vielleicht besondere Mühe mit unserem äußeren Erscheinungsbild, um Interesse zu wecken. Völlig unabhängig davon, ob wir uns später für oder gegen Kinder mit dem potenziellen Partner entscheiden werden.

Aber: Wir schmücken uns eben auch für uns selbst, um uns wohl in unserer Haut zu fühlen, wir pflegen uns, um gesund zu bleiben und *weil wir es uns wert sind*. (Der Teil in kursiver Schrift des letzten Satzes wird als Werbeslogan für eine Haarcoloration benutzt – warum wohl?) Ja, unser Selbstwert hat viel damit zu tun, wie wir mit uns selbst umgehen und was wir für uns tun. Sind wir mit uns selbst im Reinen, so strahlt dies auch auf unser Umfeld aus.

Und was tun wir konkret für uns, um uns wohlzufühlen? Wir ernähren uns gesund, wir treiben moderaten Sport, wir führen eine glückliche Beziehung, haben einen tollen Job, der uns ausfüllt, gehen einem interessanten Hobby nach, haben Kinder, auf die wir stolz sind, und Freunde/Freundinnen, die mit uns durch dick und dünn gehen ...

Nein? Das trifft nicht auf Sie zu? Zu perfekt? Oder schön wär's? Oder auch nicht? Nur ein Bruchteil davon würde Sie zufriedener und glücklicher machen?

Und doch versuchen es viele Frauen täglich aufs Neue, diesen Wünschen und Erwartungen an sich selbst – aber auch gegenüber anderen – gerecht zu werden. Und fühlen sich immer schlechter, weil die Realität leider oft anders aussieht.

Denn wir können unsere Mitmenschen nicht und die Umstände nicht so einfach ändern. Ändern können wir nur uns selbst bzw. unser Verhalten in bestimmten Situationen. Aber diese Änderung dauert, es braucht einen Veränderungsprozess mit bestimmten Strategien. Ändern wir uns, werden wir sicher erst einmal mit Widerstand unseres Umfelds rechnen und umgehen müssen, wenn wir nicht aufgeben wollen.

Und was hat das Ganze mit unserem Thema, dem Haarefärben, zu tun?

In solchen Situationen, die psychischen Druck verursachen, ändern Frauen oft das, was sich heutzutage recht schnell und in der Regel schmerzlos (es gibt leider Ausnahmen!) verändern lässt: ihre Haarfarbe! Dank einer Riesenauswahl an Haarfärbeprodukten für den Heimgebrauch kann das Haar schon innerhalb von zehn Minuten in einem anderen Farbton erstrahlen. Blondierungen dauern bei dunklem Ausgangshaar länger und wenn danach mit einer anderen (der eigentlichen) Farbe überfärbt wird, kann der Prozess bis zu zwei Stunden in Anspruch nehmen.

Es sei denn, frau ist mit dem Ergebnis nicht zufrieden und startet einen neuen Eigenversuch. Sollte auch der scheitern, ist der Gang zum Profi unvermeidbar. Aber selbst ein spontaner Friseurbesuch ist heute möglich, denn es gibt immer mehr Coiffeure, die ohne Terminvergabe (auch montags) arbeiten. Hier erhält die gestresste Kundin Zuwendung, einen

Kaffee, eine Zeitschrift zum Lesen und Zeit für sich. Es ist fast wie eine Wellnesseinheit. Eine Auszeit vom arbeitsreichen Alltag.

Viele Frauen empfinden genau so und sagen sich: „Das gönne ich mir jetzt!" Oder nochmal: „Das bin ich mir wert!" Mit frischer Haarfarbe und vielleicht auch neuem Haarschnitt fühlen sie sich nach dem Friseurbesuch fast wie neu geboren und – zumindest etwas – erholter. Die Veränderung der Haarfarbe im Allgemeinen und der Gang zum Friseur im Speziellen hat also in vielen Fällen eine psychische Komponente. Schnelle Veränderung gepaart mit Wellnessfaktor durch den Haarprofi.

Wir entspannen uns, genießen den Service und erfreuen uns an der neuen Frisur, die in frischer Farbe erstrahlt. Hat der Friseur gute Arbeit geleistet, bekommt unser Selbsbewusstsein einen Kick und wir fühlen uns wieder besser gewappnet für die Aufgaben des Alltags.

Aber unsere Herausforderungen lösen sich damit nicht in Luft auf. Wir sind weiterhin gefordert sich ihnen zu stellen. Spätestens nach einem Monat wiederholt sich das Spiel. Manche Frauen – oft junge, aber auch ältere – finden ihren „Kick", indem sie erst gar nicht einen vollen Monat warten, bis sie wieder zur (Farb-)Flasche greifen. Da wird munter drauflosblondiert, -gefärbt, -gesträhnt und wieder -blondiert, bis sich die Haare schlimmstenfalls wie Kaugummi ziehen und ausgehen. Haarbruch ist eine weniger krasse Folge von exzessivem Färben, wenn auch unschön und vermeidbar.

Durch diese Hin-und-Herfärberei und die sich daraus ergebende überstrapazierte Haarqualität entsteht der Bedarf an einer ganzen Batterie von Haarpflegeprodukten, am besten mit kittenden Silikonen, um dem Übel entgegenzuwirken. Die Regale im Handel sind übervoll mit beiden Produkten: Haarfarbe und Haarpflege (insbesondere für gefärbtes und strapaziertes Haar). Je mehr es von dem einen gibt, desto mehr braucht es von dem anderen. Strapaziertes Haar benötigt intensive Pflege, die wiederum kann zu Farbverlust bei porösem Haar führen, was so manche Frau zum erneuten (verfrühten) Färben bewegt. Die Werbung weiß das und trägt ihren gewichtigen Teil zu dem Wechselspiel, sprich Teufelskreis, bei.

Überhaupt spielen die Medien eine große Rolle in Bezug auf das Haarefärben. Und zwar sowohl direkt als auch indirekt.

Die bereits erwähnte Werbung wirkt unmittelbar auf die potenzielle Kundin. In sogenannten DIY- (Do it yourself)-Tutorials (das sind Kurzvideos, in denen gezeigt wird, mit welcher Technik bestimmte Produkte verwendet werden und welche Ergebnisse man damit erzielt) werden im Internet Hunderte von verschiedenen Haarfarben und Färbemethoden vorgestellt und erklärt. Sie wirken auf die experimentierfreudige Färberin durchaus motivierend. Aber auch verschiedene Coiffeure stellen ihren Service über Kurzvideos vor.

Nicht zu unterschätzen ist die Wirkung verschiedener Filmcharaktere. Ob in früheren Zeiten Jean Harlow und Marilyn Monroe oder heute Darsteller in Fantasyfilmen – ja sogar Animefiguren dienen als Vorlage für Frisuren und Haarfarben, letztere insbesondere bei jungen Frauen.

Aber was ist es eigentlich genau, das uns die Frisur oder Haarfarbe eines Filmstars interessant finden und nachahmen lässt? Warum haben so viele Frauen in den 30er und später in den 50er Jahren Jean und Marilyn – oder zumindest deren Haarfarbe – zu kopieren versucht? Trotz Risiken für (Kopf-)Haut und Haar? Denn damals waren die Blondiermittel noch um einiges aggressiver als heute, wie wir zu Beginn dieses Kapitels erfahren haben.

Was vermitteln Fantasy- und Animefiguren (jungen) Frauen, dass sie, ihnen gleich, ihre Haare in den fantasievollsten Frisuren und Haarfarben tragen möchten? Auch die Musikszene liefert durch die Jahrzehnte hindurch Idole, die Frauen (und auch Männer) dazu bewegen, deren Style – also Kleidungsstil und Frisur, oft samt Haarfarbe – zu kopieren.

Egal, ob Werbung, Film, Musik, Internet – das, was uns dazu motiviert, eine Darstellerin als Vorbild zu wählen, sind unsere Gefühle. Diese werden durch deren Ausstrahlung und Aktionen, z. B. eingebettet in eine romantische Geschichte, bei uns ausgelöst. Speziell die Werbung „spielt" mit unseren Gefühlen. Sie weckt einen Bedarf für das angepriesene Produkt (z. B. einer bestimmten Haarcoloration), indem sie unsere Bedürfnisse anspricht, einen Mangel an Glück, Zufriedenheit, Liebe und/oder Gesundheit suggeriert, um uns schließlich glauben zu machen, dass nur durch das spezielle Produkt dieser Mangel aufgehoben werden könne und wir durch dessen Gebrauch schließlich glücklich, zufrieden, geliebt und/oder gesund bzw. zumindest schmerzfrei würden.

Singt eine Sängerin von Liebe, Sehnsucht und Freiheit, dann spricht sie mit ihrem Text ebenso unsere Gefühle an. Wir fühlen uns mit der Künstlerin auf eine gewisse Art verbunden und von ihr verstanden, weil wir ähnlich empfinden, wahrscheinlich gleiche Erfahrungen gemacht haben wie sie oder die Erfahrung gerade am eigenen Leib, der eigenen Seele zu spüren bekommen (z. B. Liebeskummer). Es sind die besonderen Fähigkeiten einer Akteurin, die sie für uns zum Vorbild werden lassen.

Der sprichwörtliche Sexappeal der erwähnten Blondinen Harlow und Monroe (oder auch Bardot), denen die Männer reihenweise zu Füßen lagen, gepaart mit der Idealisierung der Haarfarbe „Blond", ließ Frauen scharenweise in die Friseursalons laufen, um sich die Haare blondieren zu lassen. Wer weiß, vielleicht würde ja mit blondem Haar tatsächlich der lang ersehnte Prinz oder Clark-Gable-Verschnitt auf sie aufmerksam werden. Auch den Trägerinnen anderer Haarfarben werden schon seit Urzeiten bestimmte Eigenschaften zugeschrieben, worauf ich noch zurückkommen werde.

Fantasyfiguren verfügen in ihrer Eigenschaft als nicht-reale Wesen über mehrere besondere Fähigkeiten. Sie haben spezielle Kräfte, können zaubern, fliegen, Raum und Zeit überwinden – sind also den Menschen haushoch überlegen. Viele haben auch menschliche Eigenarten wie etwa Gefühle und sind den Menschen wohlgesonnen oder beschützen sie sogar. Tolkiens Elben der Mittelerde etwa sind unsterblich, sehr weise und haben menschliche Züge, sind aber frei von unseren Beschränkungen.

Die Manga- und Animeszene hat eine ganze Moderichtung erschaffen. Kleidung, Make-up, spezielle Kontaktlinsen, Frisuren und bunte Haarfarben ermöglichen sehr genaue Kopien der entsprechenden Figuren. Gerade junge Frauen (und Männer) wollen sich von den Erwachsenen unterscheiden und sich immer wieder neu erfinden. Sie wollen besonders und nicht alltäglich aussehen und sein. Die direktziehenden Neonhaartönungen, die besonders auf blondiertem Haar knallig oder (verdünnt) auch pastellig leuchten, erlauben hier grenzenloses Experimentieren.

Aber auch „Nicht-Manga-Girls" benutzen diese Farben gerne und häufig, denn da sie sich auswaschen lassen (dies allerdings mal besser, mal schlechter, je nach Farbton), kann die Verwenderin immer wieder anders ausschauen und passend zum Outfit tönen.

Es gibt außerdem auch eine physikalisch wirkende permanente Haarfarbe auf dem Markt, die sehr leuchtende, satte und haltbare Farben ohne Oxidation oder Ammoniak (Quellmittel) erzeugt.

Sehr im Trend liegt das sogenannte „Granny Hair". Die Darsteller von „Games of Thrones", Kelly Osbourne, Nicole Richie oder Lady Gaga waren die Vorreiter. Junge Frauen, die noch nicht von Natur aus ergraut sind bzw. silberne Strähnen haben, lassen sich das Haar fast weiß aufblondieren, um dann mit einer Silber- oder Grautönung bzw. -färbung den begehrten Look zu erzeugen. Einige trauen sich auch selbst an die Prozedur. Im Netz findet man unzählige entsprechende Tutorials.

Allerdings ist der Vorgang recht aufwendig, äußerst strapaziös für das Haar und beim Friseur sehr kostspielig. Die Haarfarbe der eigenen Großmutter zu tragen, sofern selbige nicht färbt und Silber ihre Naturhaarfarbe ist, aber ein junges Gesicht und einen jungen Körper zu haben, das macht hier den Reiz, sprich Kontrast aus. Altersgrenzen mit der Haarfarbe überschreiten – dieses Mal andersherum.

Sicher, es gibt auch junge Frauen mit silbernem Naturhaar. Wenige von ihnen stehen allerdings dazu, viele färben die „Grauen" weg. Vielleicht macht ihnen der „Granny Style" nun Mut, die eigene Haarfarbe zu zeigen und nicht mehr unter einer Farbschicht zu verstecken. Im Kapitel „Silber oder Grau" werde ich auf weitere Aspekte des Themas eingehen.

Es existieren also unterschiedliche Motive, warum eine Frau zur Colorationsflasche greift. Was aber bewegt sie dazu, sich für eine bestimmte Farbe und gegen eine andere zu entscheiden?

Rea, die wir in der Einleitung dieses Buches bereits kennengelernt haben, experimentiert z. B. allgemein gerne mit Farbe, erfindet sich immer wieder neu in Sachen Kleidungsstil und Make-up, also muss auch die Haarfarbe angepasst werden, um das Outfit perfekt zu kreieren. Sie spielt mit ihrer Wirkung auf ihre Mitmenschen. Sie wirkt mit blondem Haar sicher vollkommen anders als mit schwarzem, braunem oder knallrotem. Und in den Farben des Regenbogens strahlt sie wiederum etwas vollkommen anderes aus.

Haarfarbe und Charakter

Zumindest was die „natürlichen" Haarfarben betrifft, hat sich über die Jahrhunderte eine Haarfarben-Typisierung entwickelt, die wir größtenteils den Autoren der verschiedenen Epochen zu verdanken haben. Die Haarfarbe „Blond" habe ich schon im Zusammenhang mit der Idolfunktion blondierter Filmschauspielerinnen erwähnt.

Im Folgenden werden wir uns die Typisierung der verschiedenen Haarfarben noch eingehender betrachten. Zunächst machen wir einen kurzen Exkurs in die Kulturgeschichte des blonden, schwarzen bzw. braunen und schließlich des roten Haares. Hier komme ich nochmals auf die Abhandlung Herrn Professor Junkerjürgens zurück und fasse seine für dieses Buch relevanten Ausführungen zusammen:

Blond

Bereits in der klassischen Mythologie trugen die weibliche Schönheit sowie auch der männliche Held blondes Haar. Wie bei den Götterfiguren, die meist auch blond dargestellt wurden, assoziierte man mit dem (hell-)blonden Haar das kostbare Edelmetall Gold und das (göttliche) Licht. Blondes Haar galt also in erster Linie als rein, engelsgleich und gut.

Diese Ansicht wurde im – von der damals allmächtigen katholischen Kirche beherrschten – Mittelalter fortgesetzt und Autoren dieser Zeit schufen mit der zarten, goldgelockten, keuschen Jungfer einen entsexualisierten Frauentypus, der zum Stereotyp wurde. Als Gegenpol fungierte die lüsterne, sinnliche Dunkelhaarige.

Erst im 19. Jahrhundert entfernten sich einzelne Verfasser vom unschuldig blonden Stereotyp und schrieben der blonden Frau eine Ambivalenz zu. Sie erhielt üppigere weibliche Körperformen und wurde schon alleine dadurch sexualisiert, was aber durch ihr zugeordnetes Verhalten als Romanfigur noch verstärkt wurde. Die zuvor unschuldige Blonde fungierte als Verführerin, das Engelhafte war nur noch Schein, dem der blind Verliebte erlag, das wahre Wesen der Blonden aber war nun ein „Männer fressendes", das die Männer reihenweise um den Verstand brachte. Die blondhaarige Frau wurde zur Madonna und Hure in einer Person. *(Vgl. Junkerjürgen, R.: S. 211-212)* Im 20. Jahrhundert trugen entsprechende Verfilmungen mit verschiedenen blond(iert)en Darstellerinnen zum Blondinenstereotyp der sexualisierten Blondinen entscheidend bei (s. o.).

Diese implizierte Ambivalenz des blonden Haares löst bei vielen Männern – bewusst oder unbewusst – einerseits den Beschützerinstinkt und andererseits sexuelle Anziehung aus.

Hellblond ist aber auch bei den Frauen jeglichen Alters nach wie vor eine begehrte Haarfarbe. Ein paar Highlights hier und da gesetzt und das Haar schimmert heller und „goldener" in der Sonne. Reicht der Grad der Helligkeit nicht, so können entweder mehr Strähnchen bzw. Akzente gesetzt werden oder das Haar wird komplett aufgehellt, blondiert oder blond gefärbt – je nach Ausgangshaarfarbe.

Das hellere Haar soll angeblich der Trägerin schmeicheln, speziell wenn sie schon „in die Jahre" gekommen ist. Oft wird dann mit dem Argument des „jünger Wirkens" die Haarfarbe Blond eingesetzt. Junge (aber auch nicht mehr ganz so junge) Frauen kombinieren die Haarfarbe Blond auch sehr gerne mit langem Haar. Letzteres ist ein starkes weibliches Attribut, welches, gepaart mit der hellen Haarfarbe, auf viele Männer eine ganz besondere Anziehungskraft ausübt. In diesem Zusammenhang seien die angesagten Extensions erwähnt, die auch Frauen mit wenig oder sehr feinem bzw. abgebrochenem, weil überstapaziertem Haar eine blonde Wallemähne ermöglichen.

Es gibt Frauen, die jahrelang blond gefärbt haben und aus unterschiedlichen Gründen (z. B. zur Abwechslung oder weil die Haare durch viele Blondierungen zu strapaziert sind) ihre Haare braun umgefärbt haben, nur um festzustellen, dass sie nicht mehr so sehr die männliche Aufmerksamkeit erregen, wie sie es als Blondine gewohnt waren. Einige von ihnen sind wieder zum Blond zurückgekehrt. Andere Frauen färben – wiederum bewusst oder unbewusst – genau aus diesem Grund ihr Haar heller. Um von Männern oder einem bestimmten Mann – dem potenziellen Partner – gesehen zu werden.

Was aber ist mit der sogenannten (eventuell von Natur aus) „kühlen Blonden", die eher unnahbar und distanziert auftritt? Vielleicht ist ihr sehr wohl die Wirkung ihrer Haarfarbe auf die Männerwelt bekannt und sie ist schlicht vorsichtig und abwartend oder auch vom Wesen her einfach schüchtern. (Oder sie bedient sich einer Haarcoloration. Lowlights würden wohl schon ausreichen, um nicht mehr als Hellblondine identifiziert werden zu können ...) Der letzte Satz in Klammern ist ironisch gemeint. Im Kapitel „Umdenken – Bewusstwerdung" werde ich darauf zurückkommen.

Braun und Schwarz

In antiker und mittelalterlicher Literatur wird dunkles Haar hauptsächlich als Kontrast zum blonden Haar erwähnt. Dabei dient es nicht der Beschreibung weiblicher Schönheit, sondern vielmehr – als Gegenpol zum blonden Stereotyp – eher der Hässlichkeit. Diese Polarität kommt auch in den Märchen zum Ausdruck, in denen das gute Mädchen blond und das böse schwarzhaarig ist (z. B. Goldmarie und Pechmarie in „Frau Holle"). Die leidenschaftliche Brünette erscheint erst bei Shakespeare.

Schwarze Haare galten als Charakteristikum der unzivilisierten, wilden, im Wald lebenden und stark behaarten Menschen. Wobei der wilde Mann eher als gefährliches Monster gesehen wurde, während die wilde Frau primär einen Gegenpol zur blonden Jungfer darstellte, aber auch als zügellos und lasterhaft beschrieben wurde.

Während der Renaissance wurde Körperlichkeit zunehmend als natürlich angesehen, wodurch eine Umdeutung der Wildheit ins Positive erfolgte. Im 18. Jahrhundert wurde, durch die Übersetzung orientalischer Märchen (Tausendundeine Nacht), die exotische, sinnliche Dunkelhaarige geboren. Später existierten neben der Orientalin dann auch andere südländische, exotische Schönheiten mit dunkelbraunem / schwarzem Haar. Im Laufe des 19. Jahrhunderts wird in der Literatur schließlich auch die sinnliche, mitteleuropäische dunkelhaarige Frau erwähnt.

Eine besondere Stellung erhält die dunkelhaarige Frau im feministischen Zusammenhang. Um sich von dem männlich konstruierten blonden Frauenideal zu distanzieren, wurde die Schwarzhaarige in der feministischen Literatur mit anderen Attributen versehen. Sie entwickelte sich zum nachdenklichen, grüblerischen und schließlich intellektuellen Typus.

So entstanden geistig herausragende Frauenfiguren mit schwarzem Haar, welche die eigenen (künstlerischen) Fähigkeiten ausleben und nicht dem Liebesglück unterwerfen. Auf diese Weise wurde ein neuer Stereotyp geschaffen: das Anti-Ideal. Es beschreibt einen Frauentyp, der vor allem durch Intelligenz und Charme Erfolg bei Männern hat und nicht wie die „dumme und nicht-emanzipierte" Blondine in erster Linie durch ihre optische Wirkung. Dunkle Haarfarben wurden nun nicht mehr mit Hässlichkeit verbunden, sondern mit Güte und Intelligenz.

In Italien soll die Vorstellung kursieren, dass der italienische Mann zwar gerne sexuelle Abenteuer mit einer Blondinen eingeht, aber schließlich doch eine Brünette heiratet. *(Vgl. Junkerjürgen, R.: S. 218-228)*

Fakten und Assoziationen zum dunklen Haar:

- Schwarzes Haar gilt heute entweder als geheimnisvoll und mystisch (Vertreterinnen der schwarzen Szene z. B. färben sich oft die Haare schwarz, wenn auch mehr Wert auf schwarze Kleidung gelegt wird), als elegant oder als Spiegel südländischen Temperaments.
- Schwarzhaarigen Frauen wird ein melancholisches Gemüt nachgesagt, weswegen sie zu Stimmungsschwankungen und Wutausbrüchen neigen sollen.
- Brünettes und braunes Haar entsteht, im Gegensatz zu den anderen Haarfarben, aus einer Mischung von ähnlich hohen Anteilen rot-gelber (Phäomelanin) und schwarz-brauner (Eumelanin) Pigmente.
- Frauen mit braunem Haar gelten im Allgemeinen als ruhig, warmherzig, bodenständig, ausgeglichen, natürlich und stressresistent.
- Schwarzes und braunes Haar macht den größten Prozentsatz der Haarfarben der Weltbevölkerung aus.

Rotes Haar

Sein äußerst seltenes Vorkommen hat zur Stigmatisierung rothaariger Menschen geführt. Seit der Antike wird rotes Haar mit Untreue, Delinquenz, sexueller Lüsternheit und Prostitution in Verbindung gebracht.

Im 19. Jahrhundert entsteht die literarische Femme Fatale

mit roten Haaren. Sie verfügt über anziehende Schönheit, jedoch gepaart mit sexueller Perversion und Grausamkeit, denen die Männer zum Opfer fallen. Das rote Haar gilt als Symbol der Schönheit und zugleich als Fessel des Mannes. Diese Entwicklung des rothaarigen Stereotyps könnte als Ausdruck der männlichen Angst vor der sich emanzipierenden Frau und einer repressiven Sexualmoral nach der Romantik gedeutet werden.

Rotes Haar wird in der Literatur oft mit Feuer verglichen: Die Ambivalenz des Elements wird gleichgesetzt mit der Ambivalenz der Rothaarigen. Beides kann wärmen und zerstören (Höllenfeuer). Zudem wird die rothaarige Frau oft in Verbindung mit einer Raubkatze erwähnt, wobei sie mit dem Tier gleichgesetzt wird. Auch hier zeigt sich wieder die Ambivalenz der Schönheit, Wildheit (sexuelles Attribut!) und Gefährlichkeit. Die Wirkung des literarischen Stereotyps reicht bis weit in das 20. Jahrhundert hinein.

In Bezug auf den Feminismus wird rotes Haar mit neuen Eigenschaften belegt: Die Trägerin passt sich den gesellschaftlichen Konventionen nicht an und lebt ihre weibliche Individualität aus. Dieses Thema wird auch von den Medien entsprechend aufgegriffen und mit einer rothaarigen Darstellerin besetzt. *(Vgl. Junkerjürgen, R., S. 228–232)*

Nur etwa 2 % der Weltbevölkerung haben von Natur aus rotes Haar. Insbesondere in England, Schottland und Irland leben rothaarige Menschen. Neben dem blonden war es vor allem auch das rote (Sklaven-)Haar, das die Römer(innen) begehrten und woraus sie sich Perücken fertigen ließen. Aufgrund seiner Seltenheit ist es etwas Besonderes. Dieses

„Besondere" wurde, je nach Epoche, positiv oder negativ bewertet und in letzterem Fall geahndet. So landeten im Mittelalter viele rothaarige Frauen als Hexen auf dem Scheiterhaufen. Denn für die katholische Kirche war die rote Haarfarbe vor allem ein Zeichen des Teuflischen und Dämonischen.

Rothaarige Menschen sollen besondere Tatkraft und Leidenschaft (sowohl sexuelle, aber auch im Sinne von „etwas mit Herzblut tun") besitzen, was allgemein der Farbe „Rot" zugesprochen wird. (Rot entspricht in spiritueller Sicht der Farbe des Wurzel-Chakras, dessen zentrale Themen Vitalität und Lebenskraft sind.)

Nun wissen wir mehr über die einzelnen Haarfarben und ihren kulturgeschichtlichen Hintergrund sowie die Wirkung, die ihnen auch heute noch zugesprochen wird.

Ich möchte nochmals auf Reas Frage zurückkommen, warum wir uns die Haare färben:

Das Haarefärben kann – wie bei Rea – ein Mittel zum Selbstausdruck sein, eine Möglichkeit, sein Aussehen immer wieder zu verändern, zu spielen und auszuprobieren. In diesem Fall kann es durchaus sein, dass die Färberin, je nach aktueller Haarfarbe, die Reaktionen ihrer Mitmenschen (zumindest derjenigen, die sie noch nicht gut kennen) auf die jeweilige Haarfarbe mitbestimmt. Genau das macht den Teil des Reizes aus, sich immer wieder neu zu erfinden: Es geht nicht nur um die eigene Kreativität, die sich auf diese Weise ausdrücken darf, sondern auch um die unterschiedlichen Reaktionen der Umwelt, die damit ausgelöst werden.

Andere Färberinnen, die sich weniger ausprobieren möchten, sondern „ihren" Farbton gefunden haben, haben sich für genau diese Farbe auch aus einem bestimmten Grund entschieden. Natürlich fühlen sie sich wohl damit.

Aber warum? Sie tragen den Blond-, Braun-, Schwarz- oder Rotton genau deshalb, weil er zu ihrem Wesen passt. Oder aber auch, weil sie eine bestimmte Botschaft an ihr Umfeld senden wollen. Dies muss nicht bewusst geschehen. Ich hatte bereits die eher zurückhaltende Naturblondine erwähnt, der die männliche Reaktion auf ihre Haarfarbe äußerst unangenehm ist und die deswegen das helle Blond mit Lowlights abdunkeln lässt, um weniger aufzufallen.

Im umgekehrten Fall lassen sich Frauen mit aschblondem Naturhaar oft blonde Strähnchen oder auch eine Vollblondierung färben, um sich nicht mehr so unscheinbar zu fühlen, weil sie vom Typ her z. B. eher extrovertiert sind. Gerade Aschblondinen lassen sich ihr Haar oft heller, dunkler oder auch röter färben. In vielen Fällen empfinden sie ihr kühles Aschblond als zu fade, ausdruckslos und langweilig und färben ihr Haar deswegen in einem auffälligeren Ton, um eben nicht mehr als fade, ausdruckslos und langweilig zu erscheinen oder besser, um sich nicht mehr so zu *fühlen*.

Die künstliche Haarfarbe greift immer einen Aspekt des Wesens auf, den wir nach außen zeigen wollen. Im Kapitel „Eigene Farben" werde ich auf diesen Zusammenhang ausführlicher eingehen. Eine weitere Motivation, sich die Haare zu färben, besteht in der Absicht, Erwartungen der Umwelt zu erfüllen.

Es gibt Frauen, die colorieren ihre Haare in der vom Partner favorisierten Farbe, um seinen Vorstellungen zu entsprechen (weil sie z. B. weiß, dass er auf Blondinen steht, oder weil seine geliebte Ex die entsprechende Haarfarbe hatte) und von ihm geliebt bzw. nicht verlassen zu werden.

Es soll aber auch Männer geben, die keinen Hehl aus ihren Vorlieben machen und der Frau direkt sagen, sie solle sich die Haare in der Farbe X färben lassen, weil sie ihm damit besser gefalle. (Und wer weiß, nach dem Gang zum Friseur folgt dann womöglich noch der Gang zum Schönheitschirurgen.) Das hört sich zwar sehr klischeebeladen an, aber es gibt wirklich Frauen, deren Abhängigkeit von einem Mann leider stärker ist als ihr Selbstwertgefühl.

Ein weiterer Faktor stellt die Berufswelt dar. Laut einiger Erfahrungsberichte von Frauen, die mittlerweile zu ihrem Silberhaar stehen, wird besonders in den USA von weiblichen Angestellten in mittleren und höheren Positionen, erst recht wenn sie repräsentative Aufgaben zu erledigen haben, erwartet, dass sie ihre ergrauten Haare färben.

Mir ist keine vergleichbare deutsche Darstellung bekannt, aber ich nehme an, dass hierzulande der moralische Zeigefinger nicht ganz so hoch gehalten wird. Dennoch gibt es eine große Zahl von Frauen (Helene gehört auch dazu), die sich ihr silbernes Haar färben, um jünger zu wirken. Sei es für den Partner oder für den Chef. Aber auch erwachsene Kinder können sehr bestimmend sein, was die Haarfarbe der Mutter betrifft. Dasselbe gilt für die beste Freundin. Aber dazu mehr im Kapitel „Silber oder Grau". Ich möchte an dieser Stelle lediglich die diversen Beweggründe für das Färben der Haare anführen.

Gerade diejenigen, die gerne aufhören würden zu färben, machen aus einem ganz profanen Grund damit weiter: dem (vermeintlichen) Färbezwang. Aus Angst, mit dem Naturansatz zweifarbig und unattraktiv auszuschauen, wird weitergefärbt, obwohl frau es eigentlich nicht mehr möchte. Die Färberin glaubt, färben zu müssen. So schließt sich der Teufelskreis.

Ich beende das erste Kapitel mit einem Zitat von Prof. Dr. Dr. Harald Brost aus seinem Artikel „Farbe – Spiegel der Seele" aus der Sammlung Schwarzkopf in neuem Licht „Sehnsucht nach Vollkommenheit" von 1995:

„Das Haarefärben beginnt stets mit der Suche nach Verwirklichung der inneren Träume (…) Je zwingender eine innere Situation nach außen drängt, desto wichtiger wird das Farbsignal auf dem Kopf."

Wann wird Färben zum Problem?

Rea stellt fest, dass sie das jahrelange Experimentieren mit Haarfarben einfach nicht mehr weiterführen möchte. Sie hat die Färberei zwar immer relativ gut vertragen, die Kopfhaut hat nur selten rebelliert und die Haare, na ja, die haben schon gelitten. Abgesehen davon, dass sie mit der Zeit sehr scheckig und unschön wurden, sind ihr auch viele abgebrochen. Und das trotz intensiver Pflege. Zeitweise hatte sie sogar den Eindruck, dass ihr vermehrt Haare ausgingen.

Hin und wieder hatte sie sich aus diesem Grund „Färbepausen" verschrieben, um Haar und Kopfhaut eine Weile Ruhe zu gönnen. Aber der rauswachsende, aschblonde Naturansatz machte es aus Reas Sicht noch schwerer, färbeabstinent zu bleiben. Sie nimmt sich vor, einen akzeptablen Weg zu finden, wie sie vom ewigen Färben wegkommt ...

Helene überfärbte stets pflichtbewusst ihren silbernen Haaransatz oder ließ im Salon färben. Sie stellte dieses „Ritual" zu keiner Zeit infrage, es war einfach Teil ihrer „Körperpflege", etwa wie Duschen und Zähneputzen. Gelegentliches Kopfhautjucken danach oder auch vermehrter Haarausfall nahm sie zwar wahr, beunruhigte sie jedoch nicht weiter, weil diese Begleiterscheinungen nur vorübergehend auftraten und bis zum nächsten Colorieren vergessen waren.

Einmal versuchte sie dennoch eine Reformhaushaarfarbe, die verträglicher sein sollte, aber die Farbe deckte ihren weißen Ansatz nur unzureichend und verblasste sehr schnell. Ein anschließender Versuch mit Pflanzenhaarfarbe war ihr keine Wiederholung wert, weil ihr der Aufwand zu groß und das Farbergebnis zu rötlich war.

Erst der Schock beim Anblick des besagten Fotos über ihre eigene Ausstrahlung mit dem künstlich wirkenden, dunkel gefärbten Haar rüttelte sie regelrecht auf. Insbesondere im direkten Vergleich mit ihren beiden Freundinnen, die ihr helles Haar (blond und hellgrau) ungefärbt tragen, ist der Kontrast extrem.

Erst jetzt werden ihr die negativen Folgen des Färbens richtig bewusst und sie fragt sich, wie sie die gesundheitlichen Auswirkungen derart verleugnen konnte, zumal ihr ansonsten eine gesunde Lebensführung wichtig ist.

So kommt es, dass Helene wie Rea beschließt, in Zukunft auf weiteres Färben ihrer Haare zu verzichten. Sie muss nur noch eine für sie annehmbare Möglichkeit finden, gepflegt durch die Zeit des „Übergangs" zu kommen ...

Aus Lust wird Frust

Bei Rea und Helene sind die negativen Folgen des Haarefärbens glücklicherweise nicht so schwerwiegend, wie sie es werden können.

Die Lust am Farbwechsel auf dem Kopf kann nämlich ganz plötzlich vorbei sein: Nach jahrelangem Färben rebelliert z. B. auf einmal die Kopfhaut, sie brennt wie Feuer, so dass die Coloration noch vor dem Ende der vorgeschriebenen Einwirkzeit umgehend ausgewaschen werden muss. Glück hat frau, wenn es damit getan ist und sich die Kopfhaut wieder erholt.

Aber das ist meist nicht der Fall, und sie wehrt sich gegen die chemische Behandlung auch noch nach dem Entfernen der Farbe. Juckreiz, Haarausfall, Schuppen, Hautausschlag sind nur einige Folgeerscheinungen. Schlimmstenfalls kann sich die allergische Reaktion auf das Gesicht ausbreiten und es mit schmerzhaften Ekzemen, Blutergüssen und/oder Schwellungen versehen oder es kommt sogar zum lebensbedrohlichen anaphylaktischen Schock. Hierbei ist der bereits zuvor erwähnte chemische Stoff Para-Phenylendiamin (PPD) als wichtigstes Allergen zu nennen.

Aber es gibt noch eine Reihe anderer Substanzen, die in Haarfarben Hautreaktionen auslösen können:

Wasserstoffperoxid – Toluylendiamin – Aminophenol – Hydrochinon – Resorcin – Lyral – Persulfate in Blondiermitteln (*myAllergo.de*)

Fallen die Reaktionen nur mild aus, so nehmen dies viele Frauen als notwendiges Übel hin („Wer schön sein will, muss leiden") und verdrängen z. B. den Juckreiz oder zeitweisen Haarausfall. Wehrt sich der Körper deutlicher gegen die Chemikalien, sucht die Färberin in den meisten Fällen eine verträglichere Alternative. Im Reformhaus sind verschiedene naturnahe Haarfarben erhältlich, bei deren Produktion zwar auf Ammoniak, Formaldehyd, Paraffine und Silikone verzichtet wurde, aber ein Minimum an synthetischen Stoffen sind auch hier nötig, um das Haar haltbar, sprich permanent, färben zu können. Das wiederum bedeutet, dass besonders empfindliche Menschen auch auf diese milderen Colorationen allergisch reagieren können.

Eine weitere Option, die natürliche Haarfarbe auf schonendere Art zu verändern, stellt die semipermanente Haarfärbung dar. Sie hat eine geringere Deckkraft als die permanente Coloration und verblasst mit der Zeit. Aber auch hier können sich aufgrund der verwendeten Chemikalien Unverträchlichkeiten entwickeln.

Pflanzenhaarfarben kann man ebenfalls zu den semipermanenten Haarfarben zählen, denn sie ummanteln das Haar mit einem Farbfilm und lassen die ursprüngliche Farbstruktur durchschimmern. Mit der Häufigkeit ihrer Anwendung steigt allerdings auch deren Haltbarkeit. Das Haar gewinnt an Volumen und durch die Gerbsäure der verwendeten Pflanze auch sichtbar an Glanz.

Jedoch können Pflanzenhaarfarben auch austrocknend wirken, weswegen die Zugabe von etwas Conditioner in den Pflanzenbrei sinnvoll ist. (Manche Anwenderinnen ziehen natürliche Zutaten wie etwa Olivenöl, Kokosöl oder Eigelb vor, aber ich selbst habe die Erfahrung gemacht, dass die Zugabe von Fett die Farbaufnahme beeinträchtigen kann.) Wichtig ist es auf jeden Fall, vor dem Kauf auf die Packung zu schauen und sich zu vergewissern, ob dem Pflanzenpulver noch andere Stoffe hinzugefügt wurden. Denn es kommt vor, dass auch Pflanzenhaarfarben mit PPD versetzt sind. Übrigens sind generell für Allergiker auch Naturhaarfarben nicht ungefährlich, denn auch Pflanzen können allergen wirken.

Schließlich sind noch die auswaschbaren Tönungen zu erwähnen, Direktzieher genannt. Sie wirken physikalisch, lagern sich nur am äußeren Haarschaft an und waschen sich nach einigen Haarwäschen vollständig aus. Ist das Haar vor der Tönung strapaziert, so kann die Farbe ungleichmäßig ausfallen, da die Pigmente an den aufgerauten Stellen tiefer in das Haar eindringen können. In diesen Fällen kann es sein, dass sich die Farbe nicht mehr ganz entfernen lässt bzw. der Auswaschprozess um einiges länger dauert.

So sind gesundheitliche Probleme nur ein Grund, weswegen Frauen das Colorieren ihrer Haare aufgeben oder sich zumindest Gedanken dahingehend machen. Ein weiterer Anlass, das Haarefärben zu überdenken, stellen eher ästhetische Gründe dar. Insbesondere die experimentierfreudigen Vielfärberinnen haben irgendwann, zumindest wenn ihr Haar länger als streichholzkurz ist, mit Frizz und Haarbruch zu kämpfen. Die Haarschäden im (über-)strapazierten Haar sind nicht mehr oder nur sehr schwer zu verstecken.

An dieser Stelle ist es naheliegend, kurz auf die neuen „Plexwunder" einzugehen. Das recht teure, dennoch gehypte Original kommt aus den USA. Mittlerweile wird es auch in deutschen Salons angewendet, allerdings sind inzwischen auch günstigere deutsche Konkurrenzprodukte entwickelt worden. Sie wirken im Drei-Stufen-System und sollen durch chemische Behandlungen zerstörte Disulfidbrücken im Haar wieder kitten.

Hierbei wird Stufe 1 während der chemischen Behandlung direkt in die Blondierung, Farbe bzw. Dauerwellflüssigkeit gegeben. Stufe 2 wird nach der Färbung oder Wellung, ähnlich wie eine Kurpackung, im Haar verteilt und nach einer bestimmten Einwirkzeit ausgespült, und Stufe 3 ist für die Heimanwendung, um die künstlich zusammengefügten Schwefelbrücken im Haar zusammenzuhalten. Doch auch wenn das Haar nach einem Plex-Treatment gesünder aussieht – es ist keinesfalls ein Freibrief für (weiteres) unkontrolliertes Färben und Schädigen des Haares! Schäden werden lediglich reduziert, es kann bereits erfolgte Schäden nicht ungeschehen machen.

Weitere Probleme durch das Haarefärben können wirtschaftlicher Art sein. Ständig Haarfarbe zu kaufen oder aber regelmäßig zum Profi des Vertrauens zu gehen, kann auf Dauer den Geldbeutel schwer belasten. Sicher, es gibt beides für gut gefüllte oder auch weniger gefüllte Börsen. Aber gerade die Vielfärberinnen benötigen zusätzlich einen Etat für besonders intensive Pflege des Haares, die auch ihren Preis hat.

Eine Art „Färbezwang" kann nicht nur durch inneren Druck (siehe obiges Zitat von Prof. Dr. Dr. H. Brost), sondern auch durch Erwartungen der Außenwelt, die jedoch zu Letzterem führen können, entstehen. So seien es z. B. repräsentative Aufgaben im Beruf oder auch im Privatbereich, für deren Ausführung der Chef bzw. der Ehemann (etwa in gehobener Stellung) ein gepflegtes Aussehen seiner Angestellten oder Ehefrau erwartet.

Dies bedeutet für selbige, immer top gekleidet und frisiert zu sein und darauf zu achten, dass auf keinen Fall ein Naturansatz zu sehen ist. Insbesondere dann nicht, wenn dieser schon Silberspuren aufweist. Oft wird dann schon nach zwei bis drei Wochen nachgefärbt, weil es verräterisch am Ansatz blitzt. Aber hierzu erfahren Sie mehr im nächsten Kapitel.

Silber oder Grau?

Helene ist sich sicher. Sie möchte nicht mehr diese künstliche Farbe auf ihrem Kopf haben.

Wenn sie ehrlich zu sich selbst ist, färbt sie eigentlich schon seit längerer Zeit mit Widerwillen ihr Haar. Dieses ständige Farbekaufen oder Zum-Frisör-Gehen in immer kürzeren Abständen, weil sie unter der Coloration zunehmend weißer wurde und diese entweder nicht richtig decken wollte oder der Ansatz schon nach kurzer Zeit wieder aufblitzte. Abdeckpuder oder -sprays wirkten zu unecht und hafteten auf dem Kopfkissen besser als in den Haaren.

Sie würde gerne wissen, wie ihre Naturhaarfarbe genau ausschaut - ob sie am ganzen Kopf gleich ist oder verschiedene Schattierungen aufweist. Außerdem interessiert sie sehr, ob ihr das Silberhaar so gut steht wie ihrer Freundin auf dem schicksalhaften Foto.

Oder wird sie alt aussehen mit ihrem weißen Haar? Wie kann sie auch in der Zeit des Übergangs gepflegt ausschauen? Wie soll sie ihre Entscheidung ihrer Familie mitteilen? Wie kann sie ihre Kinder und vor allem ihren Ehemann davon überzeugen, dass sie wirklich diesen Weg gehen will? Werden sie sie für verrückt erklären? Werden sie sie auslachen oder sogar verärgert reagieren?

Als sie an jenem Tag, noch schockiert von ihrem eigenen Anblick auf dem Bild, stundenlang im Internet zum Thema „Graues Haar" recherchierte, waren es genau diese Fragen, mit denen sich Frauen auf dem Weg zu ihrer silbernen Naturhaarfarbe auseinandersetzen mussten.

Helene will sich Unterstützung holen. Sie weiß auch schon, wem sie zuerst ihre Entscheidung mitteilen wird. Ihre „Foto-

Freundin" wird sie verstehen, ihr von der eigenen Erfahrung be-
richten und ihr beim Überwinden aller Hürden, die ihr auf dem
Weg zu ihrem Ziel begegnen werden, beistehen ...

Ein Kapitel für sich

„Granny Hair" ist trendy. Junge Frauen lassen ihr Haar fast
weiß aufblondieren, um es dann grau einfärben zu können.
Manche wagen sich in Eigenregie an diese Prozedur. Für die
Haare ist das so oder so kein Wohlfühlerlebnis. Aber dank
der bereits erwähnten Plex-Wundermittel überleben sie die
Strapaze. Auf diese Weise gefärbtes Haar wird neuerdings
als cool und edel wahrgenommen.

Des Weiteren gibt es eine Reihe jüngerer Frauen, und noch
viel mehr ältere, deren Kopfschmuck die Natur silber gefärbt
hat. Wird dieser auch als cool und edel empfunden? Seit einigen Jahren zeichnet sich eine Art Bewegung unter den Silber-
füchsinnen ab. Es sind hauptsächlich die Frauen der „Baby
Boomer Generation", die jetzt ungefähr zwischen 50 und 65
Jahre alt sind.

Viele von ihnen haben in ihrem Leben bereits mit der
einen oder anderen Konvention gebrochen und sind sich so
selbst treu geblieben. Jetzt treten sie für das Recht der Frau
ein, die Colorationsflasche im Drogerie- oder Frisörregal stehen zu lassen oder in den Müll zu werfen und befreit und
selbstbewusst mit sibernem Haar in allen Schattierungen, die
ihm die Natur gegeben hat, ihr Leben zu genießen. Allen
eventuellen negativen Reaktionen ihrer Umwelt zum Trotz.

Nur, und das wissen auch die Vorreiterinnen aus eigener
Erfahrung, so einfach ist es für viele Färberinnen, die schon

seit Jahrzehnten ihr (mindestens) monatliches Ritual mit der Colorationsflasche zu Hause oder beim Profi vollziehen, zunächst nicht.

Helene hatte schon sehr lange eine Wegbereiterin an ihrer Seite, ohne dass ihr dies wirklich bewusst wahr. Insgeheim befasste sie sich hin und wieder mit dem Thema, ihrer Naturhaarfarbe eine Chance zu geben.

Aber als eher angepasste (Ehe-)Frau traute sie sich nicht, den Gedanken zu Ende zu verfolgen und es wirklich zu wagen. Die Angst, was die anderen dazu sagen würden und wie sie deren Kritik begegnen sollte, war zu groß. Zudem fühlte sie sich attraktiv, jung und gepflegt mit ihrer künstlichen Farbe. Warum sollte sie also etwas daran ändern?

Bis zu jenem Moment, als ihr der eigene Anblick im Kontrast zu den beiden Freundinnen einen heftigen Schock versetzte. Das Bild, das sie bis dato von sich hatte, hielt diesem Erkennen nicht stand. Sie begann, sich mit anderen Augen zu sehen. Auch auf anderen Fotos, die sie hervorholte, fiel ihr plötzlich das viel zu dunkle, perückenartige Haar auf. Der Schreck und die Enttäuschung darüber, dass sie ganz anders wirkt, als sie es bisher gedacht hatte, ließ sie noch nicht einmal mehr über einen helleren Farbton nachdenken, sondern ihr wurde nun auch der gesundheitliche Aspekt bewusst und sie war sich plötzlich sicher, dass sie ihr Haar gar nicht mehr färben möchte.

Diese Entscheidung wurde gefestigt durch ihre Recherche zum Thema. Der Artikel in der Zeitschrift, den sie bereits gelesen hatte und jetzt noch einmal mit bewusstem Interesse las, wie auch entsprechende Informationen im Internet, das gefüllt ist mit Blogs, Bildern und Tutorials zum Thema „anmutig grau werden" oder in Englisch „Going Gray Graceful-ly".

Sie ängstigt sich immer noch in erster Linie vor den Reaktionen ihrer Familie und weiß auch noch nicht, wie sie diesen begegnen soll. Aber sie holt sich Hilfe und Unterstützung. Bei ihrer silberhaarigen Freundin und bei Mitstreiterinnen im Netz. (Wir werden sehen, wie Helenes Weg zur schneeweißen Mähne und zum authentischen Ich weitergeht ...)

Doch nicht jede überzeugte Färberin wird durch den eigenen Anblick so aufgerüttelt wie Helene. Manche geht den Weg zur Naturhaarfarbe eher unfreiwillig, weil der Körper sich plötzlich gegen die chemischen Substanzen wehrt, die ihm oft schon seit Jahrzehnten zugemutet werden. Mildere Alternativen können bei sehr empfindlichen Personen, wie bereits an anderer Stelle erwähnt, auch Allergien auslösen oder sind aus anderen Gründen für manche Frau nicht zu-friedenstellend.

Unsere größte Befürchtung

Oft sind Frauen davon überzeugt, dass die graue oder silberne Naturhaarfarbe sie älter macht als die Kunstfarbe bzw. älter, als sie es tatsächlich sind. Diesbezüglich möchte ich folgende Frage in den Raum stellen: Ist es uns wirklich so wichtig, jünger geschätzt zu werden, als wir es sind? Oder sind wir bereit, zu unserem wahren Alter zu stehen? Andererseits könnte uns eine Überraschung erwarten: Das silberne Haar lässt uns nicht zwangsläufig älter erscheinen!

Es ist auf jeden Fall ehrlicher und die Trägerin wirkt authentischer, sofern sie zu ihrem Naturhaar steht. Häufig macht es tatsächlich jünger als der harte, dunkle Kontrast, den die Kunstfarbe zum Teint gebildet hat. Durch einen zu dunklen Rahmen werden die Gesichtszüge hart, wohingegen sie durch einen zu hellen (blondiertes Haar) verwischen können.

Eine zusätzliche Auswirkung auf unser Erscheinungsbild hat die Nuancierung der Farbe auf unserem Kopf. Ist sie warm- oder kalttonig oder eher neutral? Der Farbton unserer Naturhaarfarbe ist abgestimmt auf die natürliche Gesichtsfarbe und ebenso auf die Farbe der Augen. Sie ergeben eine Einheit und passen perfekt zusammen. (Aber dazu mehr im Kapitel „Eigene Farben – der Weg zum neuen Ich".)

Für Frauen, die sich aus innerer Überzeugung dazu entscheiden, das Colorieren ihrer Haare zu beenden, ist der Weg zum Silberhaar sicher etwas leichter als für jene Färberinnen, die etwa ihrer Gesundheit wegen damit aufhören *müssen*.

Erstere haben sich in der Regel schon im Vorfeld gedanklich mit der Option beschäftigt, nicht mehr zu färben, und bestehende Zweifel schließlich mit der Neugierde auf die Naturhaarfarbe besiegt. Letztere hatten – zum Beispiel nach einer plötzlichen, heftigen allergischen Reaktion – keine Zeit mehr, um sich theoretisch mit dem Thema zu befassen. (Es sei denn, ihr Körper zeigte ihnen schon bei früheren Färbungen mit schwächeren Reaktionen, dass er damit nicht einverstanden war, was betreffende Färberinnen aber geflissentlich übergingen.) Ihnen bleibt dann nur der „Sprung ins kalte Wasser". Allerdings stoßen sie im Allgemeinen auf mehr Verständnis und Toleranz ihrer Umgebung.

Oder ist es in erster Linie Mitleid? Frauen, die sich „einfach so" entscheiden, die Colorationsflasche loszulassen und ihrem grauen Naturhaar Raum zu Wachstum und Entwicklung zu geben, werden häufig mit dem Unverständnis und womöglich sogar Ärger ihrer Mitmenschen konfrontiert. Doch selbst Färberinnen, die aus gesundheitlichen Gründen das Colorieren ihrer Haare einstellen müssen, geraten immer wieder in Situationen, in denen sie sich gezwungen sehen, sich ihrer Umwelt gegenüber zu erklären und zu rechtfertigen.

In unserer heutigen Gesellschaft zählt es, gesund und leistungsfähig zu sein. Beide Attribute implizieren ein drittes: jung sein. Ich schrieb bereits im ersten Kapitel darüber. Eine gesunde Lebensführung soll uns ermöglichen, so lange wie möglich fit und vital zu bleiben. Da das junge Erscheinungsbild hiermit gekoppelt ist, wollen wir natürlich auch so lange wie möglich so jung wie möglich wirken. Und da sitzt der Hase im Pfeffer. Strahlen wir wirklich Frische, Gesundheit und Jung-geblieben-Sein aus, wenn unser Silberhaar (manchmal offensichtlich) mit Kunstfarbe verdeckt ist?

Ich wage zu behaupten, dass dies in den meisten Fällen ganz und gar nicht so ist! Aber, um den Schein perfekt zu machen und damit die unechte Haarfarbe doch einigermaßen zum Rest passt, müssen Make-up und Kleidung an die Haarfarbe angepasst werden. Und fertig ist ein – Fake! Es mag auf den ersten Blick gekonnt gestylt ausschauen, aber das sind nicht wir! Es ist eine Vorstellung davon, wie wir auf unsere Umwelt erscheinen möchten. Eine Rolle, in die wir geschlüpft sind. Was ist mit der Frau darunter? Braucht sie den Schutzschild der Kunstfarbe? Wovor soll er uns (be)schützen?

Möglicherweise vor Äußerungen, mit denen sich viele

Frauen „im Übergang" durch ihre Mitmenschen konfrontiert sehen? Diese lauten zum Beispiel:

„Lässt du dich gehen?"

„Du siehst ungepflegt aus!"

„Du siehst alt aus!"

„Wenn du willst, dass ich bei dir bleibe, dann färbe wieder deine Haare!"

„Mit grauem Haar vertreiben Sie mir die Kunden. Dann muss ich Ihnen kündigen!"

„Du wirst für Männer unsichtbar werden!"

„Bist du krank?"

„Warum willst du unbedingt alt aussehen?"

Hinzu kommen die inneren Fragen und Zweifel:

„Was ist, wenn ich mir selbst fremd werde und mich im Spiegel nicht wiedererkenne?"

„Was ist, wenn mich die anderen ablehnen?"

„Was ist, wenn ich unattraktiv werde?"

„Was ist, wenn ich plötzlich nicht mehr wichtig bin?"

„Was ist, wenn mich mein Partner verlässt?"

„Was soll ich tun, wenn ich meinen Job verliere?"

Sich für sein Silberhaar zu entscheiden, scheint also keine Kleinigkeit, sondern ein eher folgenreicher Entschluss zu sein. Offensichtlich hat die Gesellschaft (und wir sind ein Teil davon!) beschlossen, dass gefärbtes Haar mit Jungsein gleichzusetzen ist. Sich gegen die Coloration seines Haares zu entscheiden, bedeutet also überspitzt im Umkehrschluss, sich für Altsein, Gebrechlichsein und Kranksein zu entschließen. Und das (mehr oder weniger) freiwillig!

Dies irritiert einen Teil der überzeugten Färberinnen. Sie können nicht nachvollziehen, warum eine (oder sogar mehrere!) von ihnen sich anders entscheidet und aus dem Färbekreislauf aussteigt. Für manche von ihnen wird dieses Aussteigen als eine Art Verrat empfunden. Hier kommen zwei vollkommen unterschiedliche Sichtweisen und Identitätsvorstellungen zum Ausdruck.

Tatsache ist, dass jede Frau, die (aus welchen Gründen auch immer) ihr Silberhaar herauswachsen lassen möchte, sich den oben genannten Fragen stellen muss. Jene Fragen an uns selbst sind abhängig vom Ausprägungsgrad unseres Selbstvertrauens. Die Äußerungen unseres Umfelds hingegen sind mit den Werten und Ansichten der Menschen verbunden, mit denen wir täglich Kontakt haben.

Wie also kann eine Frau, die das Haarefärben einstellen möchte, den eigenen Zweifeln und Ängsten sowie der oft harschen Kritik anderer begegnen, ohne ihre Entscheidung für ihr Silberhaar aufgeben zu müssen?

Perspektivwechsel

Für Helene steht fest, dass sie nicht mehr färben will. Und dennoch hat sie Angst vor der Reaktion ihrer Familie, wenn sie ihr am Abend die Neuigkeit mitteilen wird. Sie ist schrecklich aufgeregt und legt sich im Geiste die Worte ihrer Argumente zusammen.

Gerade ihr Ehemann war schon immer stolz auf ihr jugendliches, gepflegtes Aussehen. Auch seine Geschäftskunden, für die sie oft die Gastgeberin ist, bewundern ihre attraktive Erscheinung und ruhige Art. Ganz zu schweigen von ihren Kochkünsten. Die Kom-

plimente ihres Mannes genießt sie jedes Mal sehr. Überhaupt ist er ein sehr aufmerksamer und liebevoller Partner, mit dem sie selten unterschiedlicher Meinung ist. Allerdings mag er keine unliebsamen Überraschungen ...

Was die Reaktionen ihrer Tochter und ihres Sohnes betrifft, so kann sie diese überhaupt nicht einschätzen. Oh je, hoffentlich bleibt sie stark und macht ihre Entscheidung nicht wieder rückgängig ... Vielleicht macht das weiße Haar sie ja doch alt?

Für alle Fälle nimmt sie ihr Handy in die Hand und ruft nochmal ihre silberhaarige Freundin an. Sie braucht gerade jetzt deren Beistand! Gemeinsam mit ihr überlegt sie genau, welche Motive es im Einzelnen sind, die ihr das Selbstvertrauen und die Entschlusskraft geben, ihr Silberhaar erwartungsvoll willkommen zu heißen. So gewappnet kann der Abend des Outings kommen ...

Fragen an das „Silber-Ich"

Das plötzliche Entdecken der Wirkung ihres braungefärbten Haares katapultierte Helene sehr schnell in den Prozess des Perspektivwechsels. Zuvor erlaubte sie sich diesen nicht, weil ihre Zweifel und Ängste noch zu groß waren. Die negativen Äußerungen ihrer „inneren Kritikerin" waren stärker als ihre Neugierde auf das silberne Naturhaar.

Aber mit der Änderung des Blickwinkels auf ihre Haarfarbe tauchen bei Helene weitere Fragen auf. Fragen, die in eine andere Richtung weisen. Fragen, die aus ihrem Inneren kommen und auf Beantwortung drängen.

Folgende Überlegungen und Erkenntnisse stärken das Selbstvertrauen von Frauen auf dem Weg zum Silberhaar:

- Wie sehe ich ohne künstliche Haarfarbe aus?
- Wie hat die Natur mich gemeint?
- Kann ich mich so annehmen, wie ich bin?
- Wer bin ich?
- Ich möchte meine innere Schönheit entdecken
- Ich möchte mich von der Kunstfarbe befreien
- Silber und Grau sind eine Farbe!
- Ich bin neugierig auf die verschiedenen Schattierungen meines Silberhaars
- Ich lasse mein Haar zu einer richtig schönen Silbermähne wachsen
- Ich fühle mich sehr weiblich
- Ich möchte Vorbild für andere Frauen sein, die sich (noch) nicht trauen zu ihrem Naturhaar zu stehen
- Wie kann der gepflegte „Übergang" aussehen?
- Ich will mich neu entdecken und kreativ meinen Stil neu erfinden
- Ich hole mir Unterstützung von Frauen, die bereits auf dem Weg sind oder ihn schon beendet haben
- … (Liebe Leserin, Sie sind eingeladen, weitere motivierende „Silber-Argumente" zu ergänzen!)

Lenken wir unser Augenmerk weg von dem ängstlichen Fixieren auf negative Bemerkungen unseres Umfelds sowie der Vorstellung entsprechender Situationen und richten es in die positive Richtung! Lassen wir die negativen Gedanken los und unserer Neugierde auf die eigene Natur(-haarfarbe) freien Lauf!

Richten wir unsere Aufmerksamkeit nach innen: Was passiert mit uns, wenn wir beginnen, zu unserer Natur zu stehen? Was geschieht, wenn wir wirklich die „Sucht" nach künstlicher Farbe auf unserem Kopf loslassen? Nein, wir lassen uns nicht gehen, wir lassen los! Sich gehen lassen hat etwas mit Vernachlässigung sowie Mangel an Pflege und Fürsorge zu tun.

Die Farbflasche loslassen bedeutet dagegen, sich zu entspannen, nicht mehr jeden Monat den Ansatz kontrollieren zu müssen, sondern einfach Natur Natur sein zu lassen. Es stellt sich ein Gefühl der Befreiung ein. Das bestätigen alle Frauen, die den „Silberweg" erfolgreich gegangen sind.

Der Blick ist nach innen auf uns selbst gerichtet, wir lernen Selbstachtsamkeit. Unser Selbstvertrauen kann so mehr und mehr wachsen. Und je mehr wir erkennen, was uns wichtig ist (dieses Erkennen wird sich erfahrungsgemäß mit der Zeit nicht nur auf die Naturhaarfarbe beschränken), desto klarer und selbstsicherer können wir Kritik von außen begegnen.

Letztere wird allerdings mit zunehmender Selbstsicherheit immer weniger zum Ausdruck kommen. Im Gegenteil: je authentischer wir uns mit unserem silbergrauen Naturhaar fühlen, desto positiver wird unsere Ausstrahlung sein und desto mehr Komplimente werden wir von unseren Mitmenschen – Männern wie auch Frauen – erhalten.

Wir werden entdecken, dass Silber in all seinen Schattierungen eine *Farbe* ist. Eine Farbe, die mit den passenden Kleidungs- und Make-up-Farben wunderschön aussieht. Manche Frau entdeckt während des Übergangs, dass sie ihr Silberhaar gerne lang wachsen lassen möchte, um die edle Farbe noch besser zur Geltung zu bringen oder auch um es mit schönem silbernen Haarschmuck zu ergänzen.

Aber auch gerade Frauen, die schon immer ihr Haar gerne

lang trugen, möchten dies mit dem grauen Naturhaar ebenfalls fortführen. Haar, das nie lang werden konnte, weil es durch die chemischen Behandlungen immer wieder abbrach, kann sich jetzt endlich in seiner ganzen natürlichen Pracht entfalten und an Länge gewinnen.

Auf den Straßen, im Netz, in Zeitschriften und sogar auf den Laufstegen steigt die Zahl der langen Silbermähnen stetig.

Aus Sicht der diesbezüglich konservativ Denkenden kann man hier durchaus von einer „doppelten Rebellion" sprechen. Bekennt sich eine reifere Frau zu ihrer silbernen Naturhaarfarbe, ist das bereits ein Regelverstoß, aber diese dann auch noch in Form von langem Haar der Öffentlichkeit zu präsentieren, widerspricht jeder Konvention und wird als besonders dreist empfunden. Langes Haar wird jungen Frauen vorbehalten.

Eine ältere Frau soll angeblich mit kurzem, gefärbtem(!) Haar jünger aussehen. Entscheidet sie sich schon mal für „alt", sprich „grau", dann passt langes Haar gemäß dieser Vorstellung absolut nicht in die gleiche Schublade. Graues Haar hat asexuell kurz zu sein, denn die Sinnlichkeit, die offenes Haar ausstrahlt, wird älteren Frauen von der Gesellschaft, zumindest in der Öffentlichkeit, nicht zugestanden. Wenn schon lang, dann sollte das Haar der reiferen Frau züchtig zusammengebunden oder hochgesteckt sein. Wie es unsere (Ur-)Großmütter früher zu tun hatten. Aber dann wird ihr heute ja wieder unterstellt, sie wolle sich absichtlich alt machen. Ein Paradoxon schlechthin. Spätestens ab Mitte vierzig bekommt frau „gut gemeinte" Ratschläge aus allen Richtungen und leidige Grundsatzdiskussionen über die

Haarlänge häufen sich.

Frauen, die ihr Silberhaar lang tragen, strahlen in meinen Augen oft eine wunderschöne, reife, authentische Weiblichkeit aus. Aber natürlich gibt es auch Frauen mit kürzerem Haar in der edlen Farbe, die, passt sie zum Typ, elegant, chic, sportlich, flippig und vor allem ebenso weiblich ausschauen kann. Langes Silberhaar ist meiner Meinung nach keine Frage des Alters, sondern des Typs.

Der häufigen Behauptung, dass langes Haar älter machen würde, kann ich nur entgegnen, dass, wenn jede Frau ab vierzig ihr Haar kurz schneiden ließe, nur weil es sich so „schickt", sie schon alleine durch ihre Frisur ihr Alter verriete. In den 1920er und 30er Jahren war es ein Zeichen von Emanzipation, wenn Frauen sich ihrer langen Zöpfe entledigten. Heute deutet das lange Silberhaar einer (älteren) Frau darauf hin, dass sie nichts auf Konventionen gibt, sondern Unabhängigkeit und Abenteuerlust diesen vorzieht.

Sich auf Entdeckungsreise zur eigenen Natur zu begeben ist tatsächlich ein spannendes Abenteuer. Den Blick weg von der künstlichen Farbe hin zur ursprünglichen Haarfarbe zu richten, ist oft der Anfang eines Weges, auf dem, die neue Brille vor Augen, noch weitere Dinge und Situationen von uns auf ihre Echtheit und Gültigkeit überprüft werden. Unsere Kreativität bezieht sich nicht mehr darauf, wie wir unser Gesamtbild der künstlichen Haarfarbe optimal anpassen können (oder wie wir unser Verhalten mit den Erwartungen unserer Umwelt arrangieren können), sondern sie wird gespeist von der Lust, unser neues (und eigentlich schon immer vohandenes, aber verdecktes) Ich mit all seinen Facetten zu gestalten und auszuleben. Diese Reise bedarf anfangs vielleicht etwas Mut, denn dieser wird immer benötigt, um erste Schritte in eine unbekannte Richtung zu gehen, aber mit Unterstützung von Wegbegleiterinnen fällt dies leichter.

Gerade hier gilt das Motto: „Der Weg ist das Ziel."

Denn je bewusster wir diesen Weg Schritt für Schritt gehen, desto mehr wächst unser Selbstvertrauen. Wir entdecken nicht nur Gleichgesinnte, sondern auch „Blumen" am Wegrand in Form von einer überraschend facettenreichen Naturhaarfarbe, gesünderem Haar, einem faszinierenden Gefühl von „neuer" Weiblichkeit, Lust auf Neues, wie zum Beispiel einem neuen Hobby, einem neuen Kleidungsstil in neuen Farben, und vielem mehr ...

Und schließlich sind wir selbst Geburtshelferin einer zukünftigen „Silberfüchsin".

Helene fällt das Outing nicht leicht. Obwohl sie sich alle Argumente geistig zurechtgelegt hat, ist sie sich unsicher, wann der passende Zeitpunkt dafür ist und wie sie beginnen soll. Nach dem Abendessen, bevor die Familienmitglieder wieder auseinanderdriften, nimmt sie sich ein Herz und platzt einfach mit der Neuigkeit heraus.

Als sie zu Ende geredet hat, ist es zunächst mucksmäuschenstill im Esszimmer. Sie schaut die anderen ängstlich und doch erwartungsvoll an.

Ihre Tochter ist die Erste, die etwas sagt. Sie ist begeistert und kann gar nicht glauben, dass ihre sonst eher konservative Mutter so etwas „Cooles" durchziehen will. Sie bemerkt, dass eine Freundin von ihr sich den Granny Style beim Friseur habe färben lassen und damit „mega" aussähe. Eine andere Freundin – Rea – lasse sich ihr Aschblond herauswachsen.

Der 16-jährige Junior schaut vom einen zum anderen und fragt dann seine Mutter, ob sie sie noch alle hätte. Er wolle keine Oma als Mama. Seine Schwester beginnt sofort, die Mutter vehement zu verteidigen. Bis sich der Vater zu Wort meldet. Helene ist auf alles gefasst. Sie nimmt sich fest vor, bei ihrer Entscheidung zu bleiben.

Er gibt an, dass auch er von ihrem plötzlichen Sinneswandel überrascht sei und ob sie nicht noch einmal darüber schlafen wolle. Als ihm seine Ehefrau versichert, dass sie sich über ihren Entschluss vollkommen im Klaren sei, macht er ihr den Vorschlag, sich von einem Profi beraten zu lassen. Vielleicht wäre eine andere Haarfarbe ja schmeichelnder als der aktuelle Braunton.

Helene spürt seinen Unwillen, ihre Entscheidung zu akzeptieren. Deswegen möchte sie am liebsten die Diskussion auf einen späteren Zeitpunkt verschieben. Aber selbige ist bereits voll im Gange. Ganze zwei Stunden lang debattiert die Familie angeregt darüber, ob Helene mit ihrer Naturhaarfarbe alt aussehen werde oder nicht.

Bis sie selbst einen Vorschlag zur Güte macht: Sie lasse sich vom Friseur ihres Vertrauens dahingehend beraten, wie sie gepflegt durch die Übergangszeit, also bis das Silber ganz herausgewachsen ist, kommen könne. Gleich morgen werde sie den Figaro anrufen und einen zeitnahen Termin vereinbaren.

Die anderen drei sind einverstanden und jeder geht nachdenklich seiner Wege. Helene dagegen ist glücklich und unendlich stolz auf sich, so entschlossen für ihr Anliegen eingestanden zu haben.

Aschblond

Rea hatte in der Vergangenheit schon des Öfteren versucht, ihre mittelaschblonde Naturhaarfarbe herauswachsen zu lassen. Aber der Ansatz sah im direkten Vergleich zum gefärbten, meist leuchtenden oder sehr dunklen Farbton immer eher bescheiden aus. Der Aschton wirkte dann regelrecht grau oder – bei herauswachsendem Schwarz – als hätte sie kahle Stellen auf dem Kopf. Also siegte schlussendlich wieder eine neue Kunstfarbe, mit der sie das gesamte Haar „verschönerte".

Einmal startete sie einen Versuch mit feuerrotem Henna, um ihren Haaren auf schonendere, natürliche Weise eine aufregende Farbe zu verleihen. Aber das Orangerot ließ sie auffallend rosa im Gesicht aussehen. Dies war nur mithilfe einer dicken Make-up-Schicht zu vertuschen. Darum tönte sie mit farblich geeigneteren direktziehenden Tönungen drüber, was aber nicht besonders lange hielt.

Ihre Freunde mögen sie so: kunterbunt und immer für (Farb-)Überraschungen gut. Sie meinen, das „Straßenköterblond" würde gar nicht zu ihr passen. Auch Rea selbst war davon zehn Jahre lang überzeugt. Aber seit geraumer Zeit beschleicht sie das neue Gefühl, sich selbst unter ihren verschiedenen Haarfarben und Styles zu verstecken.

Eigentlich empfand sie immer eher umgekehrt, nämlich, dass es gerade das kreative Gestalten ihres Erscheinungsbilds war, mit dem sie Facetten ihres Ichs ausdrückte. Sie fühlte sich zu jeder Zeit sehr wohl damit und bekam von anderen immer positives Feedback; sei es im realen Leben oder durch Follower in den sozialen Netzwerken. Könnte ihr Sinneswandel mit dem Beginn eines neuen Le-

bensabschnitts zusammenhängen? Rea hat gerade ihr Kunststudium beendet und überlegt, in eine andere Stadt zu ziehen, um dort ihre beruflichen Pläne zu verwirklichen.

Sie beschließt, dass es Zeit ist für einen kompletten „Stilbruch". Sie möchte sich vollkommen anders erfinden. Wobei, „erfinden" ist das falsche Wort. Rea möchte sich neu „entdecken". Sie möchte herausfinden, wie die Natur sie gemeint hat. Genau wie Helene.

Eigentlich hasste sie schon immer diese abwertenden Farbbezeichnungen für ihre Naturhaarfarbe. Wer sagt denn, dass immer alles kunterbunt und laut sein muss? Was ist mit den ruhigeren, dezenteren Tönen? Ihr Sidecut-Bob hat bereits einen Ansatz von zwei Zentimetern. Was tun, um einigermaßen gut auszusehen und doch nicht neu zu färben? Auf auswaschbare Farben hat Rea auch keine Lust mehr.

Also bleibt ihr eigentlich nur noch, den blondierten Teil dem Naturansatz anzupassen oder - radikal zu kürzen! Eine Haarschneidemaschine liegt im Badezimmerschrank ...

Straßenköter sind Unikate

Für das kühl-silbrige Aschblond gibt es schon lange unschöne Bezeichnungen: Straßenköterblond, Friedhofsblond, Dishwater Blonde und noch einige andere abwertende Fantasienamen.

Abgesehen davon, dass es auch die armen, herrenlosen Hunde herabwürdigt, frage ich mich, was berechtigt die Namengeber zu diesen Unworten für solch eine edle Haarfarbe? Woran machen sich diese fest? Nur, weil eine aschige Haarfarbe nicht leuchtend und laut ist, muss sie nicht hässlich sein. Ist die Fachbezeichnung „Asch" schuld an der Diskriminierung der in Mitteleuropa sehr häufig vorkommenden Haarfarbe? Asche ist grau und schmutzig wie Staub.

Denken wir an das Aschenputtel, das hart arbeiten musste, von Stiefmutter und -schwestern „gemobbt" wurde, ständig mit Schmutz und Asche bedeckt war und das am Ende des Märchens schließlich (wohlverdient) sauber und reich geschmückt als strahlende Braut (natürlich mit goldenem Haar und ebensolcher Krone) mit ihrem Prinzen davonreitet? Als Aschenputtel werden auch Mauerblümchen, sprich unscheinbare Mädchen oder Frauen tituliert. Und genau das wollen wir natürlich nicht sein – unscheinbar bzw. unsichtbar.

Aus diesem Grund wird das Outfit in leuchtenden (oft warmen) Farben gewählt und das Make-up darauf abgestimmt. Und jetzt? Was sagt unser Spiegelbild dazu? Genau: Unser aschblondes Haar wirkt *noch* farbloser und unscheinbarer.

Also her mit der Coloration oder dem Friseurtermin und – so wie Aschenputtel sich in eine Ballschönheit oder Braut zaubern ließ – zaubern wir uns in ein neues Ich, das vom Kopf bis zu den Füßen in unseren Lieblingsfarben erstrahlt. Aus Aschenputtel kann allerdings auch Schneewittchen werden – mit rabenschwarzem oder zumindest dunkelbraunem Haar.

Fertig gestylt mag das Ganze ja recht gekonnt und – je nach Typ – elegant, avantgardistisch, sportlich, mystisch, was auch immer aussehen. Aber selten *natürlich*, obwohl dies zum Beispiel mittels verschiedener Strähnchentechniken zu erreichen versucht wird.

Schminken wir uns ab und ziehen die bunten Farben (oder

auch die schwarze Kleidung) aus und schauen wir uns bei Tageslicht im Spiegel an, dann sehen wir, dass etwas nicht stimmt oder besser: unstimmig ist. Die gefärbte Haarfarbe passt in den meisten Fällen nicht zu unseren natürlichen Farben von Haut und Augen. Sie erschlägt unser zartes Sommertypcolorit (Aschblondinen sind meistens Sommerfarbtypen), verwischt unsere Gesichtszüge, verstärkt Hautunreinheiten oder lässt uns „schweinchenrosa" ausschauen. (Im nächsten Kapitel werde ich auf dieses Thema näher eingehen.)

Bunte, strahlende Haarfarben werden mittlerweile leider eher als normal angesehen, weswegen das aschblonde Naturhaar oft als zu fade und langweilig empfunden wird. Meiner Meinung nach völlig zu Unrecht. Aschblond, und zwar egal ob hell, mittel oder dunkel, verfügt über ein großes Farbspektrum, was in verschiedenen Lichtverhältnissen zum Vorschein kommt.

Aschblond reflektiert in jedem Licht anders. Es kann von braun über rötlich bis zu leicht golden changieren. Am meisten fällt dies bei stufenlosem langen Haar auf. Hier hellen die Spitzen durch das „Weathering", dem Einfluss von Sonne, Wind, Regen, Salzwasser im Sommer und so weiter um einige Farbstufen auf. Aschblond ist eine lebhafte Haarfarbe, aber *unaufdringlich*. Sie kann künstlich nie so gefärbt werden, wie es die Natur macht.

Jedes Aschblond ist einzigartig in seinen Schattierungen und von daher alles andere als langweilig. Es ergänzt perfekt unsere natürliche Haut- und Augenfarbe. Mit Kleidungs- und Make-up-Farben aus der passenden Palette wirken wir zunächst einmal farblich stimmig auf unsere Umwelt. Identifizieren wir uns aber mit unserer Natur(farbe), strahlen wir eine Authentizität aus, die niemand übersehen kann.

Eigene Farben – der Weg zum neuen Ich

Helene hat Glück. Sie bekommt bei ihrem Friseur des Vertrauens direkt für den Folgetag einen Termin. Er nimmt sich viel Zeit für sie und ihr Anliegen. Entgegen ihrer Bedenken, er könnte versuchen, sie von ihrem Vorhaben abzubringen, ist er sogar begeistert davon, dass sie ihr Silberhaar ab sofort nicht mehr unter Farbe verstecken möchte! Gemeinsam überlegen sie, wie der Weg zur langen Silbermähne auf gepflegte Art ausschauen kann.

Nachdem sie sich einige Farb- und Frisurenbeispiele auf Bildern und Videos angeschaut hat, entscheidet sich Helene für einen Bobcut mit silbernen Highlights, um den gefärbten Part ihrem Naturansatz anzugleichen und so die harte Ansatzlinie zu unterbrechen. Sie trägt ihr Haar zurzeit schulterlang und es muss ein ganzes Stück der Schere zum Opfer fallen, aber da viele Haare abgebrochen, gesplisst oder zumindest trocken sind, ist sowieso schon seit Längerem ein Schnitt fällig. Heraus kommt ein kinnlanger Bob, der ihr sehr gut steht!

Bei der anschließenden Blondierung ausgesuchter Strähnen kommt ein Plex-Mittel zum Einsatz, um die Haare weitestgehend zu schonen. Der zwei Zentimeter breite Ansatz wird nicht berührt. Als Extraservice ihres langjährigen Friseurs bekommt Helene noch ein abschließendes dezentes Tages-Make-up in typgerechten Farben.

Vier Stunden später ist die „neue" Helene fertig. Sie schaut in den Spiegel und ist hin- und hergerissen. Einerseits ist sie begeistert von der Frau, die ihr da entgegenblickt, weil sie einfach nur „wow!" ausschaut, andererseits ist sie sich gerade ganz schön fremd. Der Friseurbesuch kostet sie nochmal eine stolze Summe

Geld, aber sie weiß, dass er für sie das letzte Mal so kostspielig ist, denn gefärbt wird definitiv nicht mehr.

Und wachsen lassen wird sie ihr Haar auch wieder. Vielleicht sogar noch länger, als es war. Sie wird sich mit der Pflege viel Mühe geben. Deswegen nimmt sie, auf Anraten ihres (von ihrer Typveränderung absolut begeisterten) Friseurs, auch noch ein Silbershampoo und eine Haarkur mit lila Farbpartikeln, um einen eventuellen Gelbstich zu neutralisieren, mit nach Hause.

Auf dem Heimweg schaut sie sich in jedem Spiegel, Schaufenster und jeder sonstigen reflektierenden Fläche an. Sie gefällt sich immer besser. Außerdem spürt sie, wie andere Frauen, aber auch Männer sie bewundernd anschauen. Helene fragt sich, was wohl ihre Familie zu ihrer Verwandlung sagt. Ein bisschen mulmig ist ihr schon, dass sie wieder auf Kritik oder Ablehnung stoßen könnte, aber sie gefällt sich selbst und spürt langsam so etwas wie Stolz in sich aufkommen.

Das jeansblaue Kleid, das sie heute trägt, passt perfekt zum „neuen Kopf". Sie überlegt, welche Farben ihr Kleiderschrank sonst noch so beherbergt. Da sind ganz sicher Kleidungsstücke dabei, die sie jetzt nicht mehr tragen kann, weil sie farblich nicht zum hellen, kühlen Haarton passen. Ausmisten ist angesagt.

Helene fühlt eine fremde, aufregende Energie in sich aufsteigen. Es ist die Freude an der Lust, den Weg zu ihrem neuen Ich weiterzugehen und sich selbst zu erforschen ...

Rea öffnet die Tür vom Badezimmerschrank und nimmt die Haarschneidemaschine heraus. Sie ist plötzlich ganz aufgeregt. Soll sie wirklich? Zwei Zentimeter Haar wirkt fast wie eine Glatze ...

Oder soll sie erst mal nur bis auf vier oder fünf Zentimeter kürzen und dann nach und nach das Hellblond rauswachsen las-

sen? *Nein, sie will den blondierten Teil ganz los sein! Also, einmal tief durchatmen und auf geht's!*

Sie stellt den Aufsatz in die entsprechende Position, schließt die Maschine in der Steckdose an – schon allein das laute Geräusch lässt sie zusammenzucken – aber das muss sie jetzt durchziehen ... Sie kämmt ihr Haar nochmal, setzt an der Seite an und führt das Gerät bis zum hinteren Haaransatz. Das sieht schon fast nach einem frischen Sidecut aus. Sie bearbeitet ihren ganzen Kopf auf diese Weise und ...

... zehn Minuten später hat sie mittelaschblonde Stoppeln auf dem gesamten Haupt. Aber letztere sind ganz weich, fast wie Flaum. Da Rea eine schöne Kopfform hat, kommt diese jetzt sehr gut zur Geltung. Genau wie ihre feinen Gesichtszüge. Sie ist positiv überrascht. Schnell geht sie rüber in ihr Schlafzimmer, wo ein großer Spiegel hängt, in dem sie sich von Kopf bis Fuß sehen kann. Das sieht richtig cool aus! Der „Buzz Cut" steht ihr mit ihrer sportlich schlanken Figur!

Sie freut sich total, dass sie sich diesen Schritt getraut hat, schminkt und stylt sich sorgsam, macht mehrere Selfies und setzt einige ins Netz. Auf die Reaktionen ihrer Freunde muss sie nicht lange warten ...

Ent-decke dich neu!

Es ist nicht unsere Naturhaarfarbe, die von sich aus eintönig und ausdruckslos ist, sondern es sind die (falschen) Kleidungsfarben, die uns und unserer Haarfarbe die Strahlkraft nehmen.

Da aber zum Beispiel gerade die eine oder andere Farbe Modetrend ist und sie an unserer besten Freundin so toll ausschaut, möchten wir sie unbedingt auch tragen. Also wird eben die Haarfarbe dieser angepasst und schon ist eine „vermeintliche" Farbharmonie hergestellt.

Vermeintlich deshalb, weil sie künstlich aufgesetzt ist und nicht unserer Natur entspricht. Denn die Haut- und Augenfarbe passt nach wie vor nicht, was sich „natürlich" auch kosmetisch bzw. mit farbigen Kontaktlinsen ändern lässt. Dieses Verkleiden und In-Rollen-Schlüpfen kann gerade in jungen Jahren – wie in Reas Fall – Spaß machen, sofern es bewusst ein Verkleiden und Ausprobieren ist.

Es gibt jedoch Frauen, die dieses „Rollenspiel" in Perfektion – und dies nicht nur auf ihr äußeres Erscheinungsbild bezogen – schon seit Jahrzehnten betreiben und es für normal und zu ihnen gehörig halten. Aber eines Tages erkennen sie, dass etwas nicht stimmt, und sie beginnen sich zu fragen, was das sein könnte. Bis ihnen bewusst wird, welchen Preis sie für ihre Maskerade bislang zu zahlen bereit waren.

Helene befindet sich gerade in diesem Bewusstwerdungsprozess. Aber im Endeffekt „spielt es keine Rolle", aus welcher Motivation heraus wir auf Ent-deckungsreise gehen wollen – unsere Naturhaarfarbe kann der ideale Initiator für den ersten Schritt sein. Indem wir mit ihr ein kleines Stück unserer Naturgegebenheit akzeptieren, fangen wir an, für „Unechtes" und nicht (mehr) zu uns Passendes sensibler zu werden. Lassen wir die Natur auf unserem Kopf sich frei entfalten, ist sie es, die den Ton angibt. Und zwar im doppelten Sinn. Jetzt muss sie keiner Kunstfarbe mehr weichen, um zum Rest zu passen, sondern letzterer wird durch sie auf seine Tauglichkeit geprüft.

Gemeinsam mit unserer Haut- und Augenfarbe stellt die

Naturhaarfarbe eine Einheit dar, die zu einer bestimmten Farbfamilie gehören. Wählen wir unsere Garderobenfarben (zumindest für den Oberkörper) aus der gleichen Palette, entsteht eine natürliche Harmonie, die unsere Haut, Augen und Haare leuchten lassen. Auch ohne Make-up!

Stimmen wir dieses jedoch auch auf unsere Farben ab, werden wir an den Blicken und Komplimenten unserer Mitmenschen erkennen, dass sich unsere Ausstrahlung zum Positiven gewandelt hat. Ein Blick in den Spiegel wird dies bestätigen! Unsere Naturhaarfarbe dürfte gar keine andere sein, um nicht die Harmonie zu stören! (Eine Colorationsfarbe aus der eigenen Farbtyp-Palette würde sich farblich auch einfügen, aber erstens wäre das dann doch nicht die Naturhaarfarbe und zweitens könnte es sein, dass sie für uns doch zu hell oder zu dunkel wäre.)

Es ist ein berührendes und ergreifendes Erlebnis, plötzlich die eigene, natürliche Schönheit aufzudecken und zu erkennen!

Als Helene nach Hause kommt, ist es ihre Tochter, die sie zuerst sieht. Diese steht mit großen Augen vor ihrer Mutter und bekommt den Mund vor Staunen nicht mehr zu. Dann lässt sie einen freudigen Schrei los und umarmt ihre Mutter begeistert mit der Bemerkung, dass diese viel jünger und schöner als vorher ausschaue und sie total stolz auf sie sei.

Helene freut sich sehr, wird aber ganz verlegen, zumal jetzt auch ihr Sohn aufkreuzt und nach einigen sprachlosen Momenten ebenfalls zugeben muss, dass seine Mutter sich sehr zum Positiven verändert hat und so gar nicht nach „Oma" ausschaut, wie er es befürchtet hatte.

Plötzlich klingelt es an der Haustür. Die Tochter öffnet und schreit zum zweiten Mal. Draußen steht eine attraktive, junge Frau mit extrem kurzem Haar, eigentlich kann man nicht von „Haar" reden, sondern eher von „Fell". Helene erkennt Rea erst auf den zweiten Blick und muss furchtbar lachen, denn diese erkannte sie zuerst auch nicht. Die beiden fallen sich in die Arme und drücken sich herzlich.

Helenes Tochter stellt fest, dass sie jetzt sowohl eine neue Mutter als auch neue Freundin habe und sich nun selbst überlegen müsse, was sie an sich ändern wolle. Ihre Naturhaarfarbe hätte sie ja schon länger. Alle vier müssen herzhaft lachen.

Die drei Frauen gehen in die Küche und Rea tauscht bei Tee und Keksen mit Helene ihrer beider Erlebnisse der Haarverwandlung aus. Beim Erzählen sind sie alle begeistert und aufgeregt und beide Frauen, die jüngere wie auch die ältere, bereuen ihren Schritt nicht, sondern wollen ihren spannenden Weg fortsetzen. Anschließend gehen sie gemeinsam zu Helenes Kleiderschrank und inspizieren dessen Inhalt auf seine farbliche Kompatibilität mit der neuen Haarfarbe.

Die Stunden vergehen und es klopft an die Zimmertür. Das kann nur Helenes Mann sein! Helenes Herz setzt kurz aus, nur um anschließend zu rasen. Es ist wieder ihre Tochter, die öffnet. Der Ehemann kommt lächelnd zur Tür herein, geht langsam auf Helene zu, die zu atmen aufgehört hat und ihn erwartungsvoll anschaut.

Dann schließt er sie in seine Arme und flüstert ihr ins Ohr, dass der Sohn ihm schon vorgeschwärmt hätte, wie wundervoll sie aussehe, und dass er dies zu seiner eigenen Überraschung nur bestätigen könne. Zur Feier des Tages bestehe er darauf, seine strahlende Frau noch am gleichen Abend zum Essen auszuführen ...

Ganzheitliche Farbberatung

Was heißt „ganzheitlich"? Die ganzheitliche Farbberatung geht über die reine Analyse des Farbtyps hinaus. Aber selbst diese läuft anders ab als bei einer klassischen Farb- und Stilberatung, die sich nur auf das äußere Erscheinungsbild bezieht. In der ganzheitlichen Farbberatung erleben wir selbst, welche Farben sich positiv auf unser ungeschminktes Gesicht auswirken – etwa die Züge weicher machen, Unreinheiten und Augenringe verschwinden lassen und Rötungen abschwächen.

Allerdings sehen wir die Farben selbst zunächst nicht. Wir sehen nur ihre Auswirkungen im Spiegel. Schon alleine diese Beobachtung lässt uns staunen! Besonders sensible Menschen können auch die Wirkung einer (für sie erst mal nicht sichtbaren) Farbe spüren, wenn sie ihnen in Form eines Tuchs umgelegt wird.

In einem zweiten Durchgang können wir dann die farbigen Analysetücher, die zuvor für uns unsichtbar waren und die uns die Farbberaterin in Halsnähe über Brust und Schultern legt, sehen. Auch hier erkennen wir die frappierenden Einflüsse, die Farbe auf unser Gesicht hat. Je nachdem, welcher Farbfamilie die unserem natürlichen Kolorit entsprechenden Farben angehören, werden wir als Frühlingstyp, Frühlings-Herbst-Mischtyp, Sommertyp, Sommer-Winter-Mischtyp, Herbst- oder Wintertyp erkannt.

Und wir entdecken vor allem selbst, dass dies unsere Farben sind! Rein äußerlich erkennen wir die optische Harmonie, die sich ergibt, wenn wir unsere speziellen Farben tragen.

Aber was ist, wenn unsere Palette Farben beinhaltet, die wir nicht tragen wollen, weil wir sie ablehnen? Oder was ist mit den Farben, die wir immer sehr gern getragen haben, aber jetzt nach der Analyse müssen wir erkennen, dass gerade diese nicht zu den Farben gehören, die uns besonders gut stehen? Warum tragen wir gerne bestimmte Farben und andere sind nicht in unserem Kleiderschrank zu finden?

Die ganzheitliche Farbberatung arbeitet genau auf diesen beiden Ebenen: der Wirkung der einzelnen Farben auf unser äußeres Erscheinungsbild und dem Einfluss der jeweiligen Farbenergie auf unser Inneres, sprich Gefühle, Körper, Seele und Geist.

Wir sind unser ganzes Leben lang umgeben von Farben natürlichen und künstlichen Ursprungs. Dabei hat jede einzelne Farbe ihre eigene Strahlkraft und Schwingung. Diese Farbfrequenzen wirken auf uns und lösen bestimmte Empfindungen in uns aus. Sogar verschiedene Krankheiten, also Störungen/Disharmonien im Energiefeld unseres Körpers können erfolgreich mit Farbenergie (unterstützend) behandelt werden.

Sehen wir den Menschen nicht nur als materielle Einheit, sondern als vielschichtiges Wesen mit feinstofflichen Anteilen, so können wir erkennen, dass Farben über verschiedene Wege eine starke Wirkung auf unser Energiesystem haben: über die Augen, die Haut und über feinstoffliche Energiezentren, den sogenannten Chakren.

Diese energetischen Schwingungsfelder sind verbunden mit einem seelischen Ausdruck, den die jeweilige Farbe in sich birgt. Sie stehen in direktem Bezug zum Farbcharakter.

(Vgl. Hunkel, K., S. 39)

Es stellt sich die Frage, wie stark die jeweiligen Inhalte in der Biographie der analysierten Person gelebt oder aber blockiert wurden bzw. werden. Mit dem Bevorzugen oder Ablehnen einer bestimmten Farbe leben oder blockieren wir Inhalte und Lebensthemen, die mit ihr gekoppelt sind. Während einer ganzheitlichen Farbberatung bekommen wir die Chance, diese Zusammenhänge aufzudecken und den Blockaden entgegenzuwirken. Wir erhalten die Möglichkeit, unsere bisherige Lebensführung unter die Lupe zu nehmen und auf Unzulänglichkeiten zu prüfen.

Trauen wir uns, eine bislang abgelehnte Farbe und ihre Energie (stückchenweise) in unser Leben zu lassen, passiert etwas mit uns. Wir entwickeln uns weiter in eine positivere Richtung. Probleme in unserem privaten oder beruflichen Umfeld können plötzlich gelöst werden, Mitmenschen gehen anders auf uns zu und mit uns um, weil wir ihnen anders begegnen. Unsere Gedanken und Einstellungen beginnen sich zu ändern, was der erste Schritt für weitere positive Veränderungen in unserem Leben ist.

Sind wir zum Beispiel ein kühler Farbtyp, stehen uns rein optisch ausschließlich Farben ohne oder mit nur sehr wenig Gelbanteil. (Bei den warmen Farbtypen ist es umgekehrt.) Gelb ist immer warm. Das Gelb, das ein Sommertyp tragen kann, ist mit viel Weißanteil aufgehellt und mit einem sehr geringen Grauanteil abgeschwächt. Denn für den „Sommer" sind gedeckte, kühle Farben charakteristisch.

Der „Winter" kann ein leuchtenderes Gelb, aber ohne Goldstich (wäre zu warm) tragen. Und der Sommer-Winter ein helles, nicht leuchtendes Gelb.

Liebt dieser kühle Farbtyp aber von seinem Wesen her warme Farben und hat diese auch immer getragen, so hat er nun die Möglichkeit, für den Oberkörper die kühlen Farben seiner Palette zu wählen und die warmen Farben für den Unterkörper. Es gibt einige wunderschöne (Ton in Ton) oder auch spannende (mit Komplementärfarben) Kombinationsmöglichkeiten der Kleidung aus dem kühlen und warmen Bereich. Die Farbe der Oberbekleidung strahlt immer nach oben in Richtung Gesicht (und Haare) und hinterlässt hier seine „Spuren", sprich Auswirkungen.

Bleiben wir zur Verdeutlichung beim kühlen Farbtyp. So kann es auch sein, dass dieser mit seinen gedeckten und nichtgoldenen Farben glücklich ist, weil er zum Beispiel kein Orange oder Sonnengelb mag. Diese beiden Farben haben aber unter anderem eine starke antidepressive und aufmunternde Wirkung, sie beinhalten die Strahlkraft der Sonne. (Henna färbt die Haare genau in diesem Ton. Je heller der Naturton, desto oranger wird der Hennaton. Für Herbst- und Frühlingstypen oder auch deren Mischtyp eine wunderschöne Haarfarbe, aber für die kühlen Farbtypen ist Orange die „Antifarbe"! Am Unterkörper getragen, lässt sie sich mit unterschiedlichen Oberteilen in kühlen Farben kombinieren!) Lehnen wir diese Farben ab, so lehnen wir auch die Aspekte ab, mit denen sie verbunden sind.

Um energetisch ausgeglichen zu sein, ist es immer ratsam, fehlende Farbenergie zu ergänzen. Entweder in Form der Kleidung oder aber auch in unserer Umgebung, also in der Wohnung oder am Arbeitsplatz. Farbe wirkt immer.

Reas Freunde sind begeistert von ihrem „Buzz", dem rasierten Kopf, weil ihr schön geschnittenes Gesicht so super zur Geltung kommt. Rea spielt jetzt mit Make-up-Farben und Ohrringen und nicht mehr mit Haarfarben.

Ihre beste Freundin, Helenes Tochter, hat eine Idee: Sie regt Reas Freundeskreis sowie Helenes Familie dazu an, gemeinsam den beiden eine ganzheitliche Farbberatung zu schenken. Sie hat im Netz eine entsprechende Seite entdeckt, die sie äußerst interessant findet. Da Helenes Geburtstag vor der Tür steht und Reas Umzug kurz darauf ebenfalls, wäre der Gutschein sowohl ein Geburtstags- als auch ein Abschiedsgeschenk. Alle sind sofort mit dem Vorschlag einverstanden.

Als Helene während ihrer großen Geburtstagsparty, zu deren Gästen auch Rea gehört, den Coupon aus einem Umschlag zieht, reißt sie die Augen auf, ergreift dann Reas Hände und vollführt mit ihr einen regelrechten Freudentanz. Es ist ein beglückendes Gefühl, wenn die Menschen, die man liebt, einen auf der Reise zu sich selbst unterstützen.

Am nächsten Tag ruft Helene bei der Beraterin an und vereinbart einen Termin für die kommende Woche.

Je näher der Tag rückt, desto aufgeregter werden die beiden.

Als es so weit ist, holt Helene Rea mit dem Auto ab und sie fahren gemeinsam in ein farbenreiches Abenteuer ...

Die Räume der ganzheitlichen Farbberaterin sind einladend, hell, freundlich und man kommt sich irgendwie vor wie im Urlaub. Eine seichte Musik spielt im Hintergrund. Irgendwo plätschert leise ein Zimmerbrunnen. Es riecht frisch und angenehm.

Die Beraterin selbst ist eine attraktive Frau mittleren Alters mit freundlichem, offenem Lächeln und leuchtenden Augen. Ihr silberweißes Haar reicht ihr bis zur Rückenmitte und glänzt mit den hellblauen Augen um die Wette. Sie trägt ein sandfarbenes Leinenkleid und dezenten Silberschmuck. Das Make-up ist schlicht und zurückhaltend.

Nachdem Helene und Rea einen Willkommenstee getrunken haben, nimmt die Ältere der beiden auf dem Analysestuhl Platz.

Das neutrale Licht über dem Spiegel vor ihr, in dem sie ausschließlich ihren Kopf bis zum Kinn sieht, wird eingeschaltet und die Beraterin beginnt, ihr langsam ein farbiges Tuch nach dem anderen über Brust und Schultern zu legen. Es dauert eine Weile, bis Helene sich vollkommen auf ihr Spiegelbild konzentrieren kann. Aber als es ihr schließlich gelingt, kommt sie aus dem Staunen nicht mehr heraus.

Bei bestimmten Farben verfärbt sich ihr Gesicht gelblich oder rosa, sie hat plötzlich Augenringe oder ihre Fältchen um die Augen werden zu richtigen Krähenfüßen, ganz zu schweigen von ihrer Nasolabialfalte, die, je nach Farbe, eine richtige Furche wird!

Andere Farben - später erfährt sie, dass es die Farben ihrer Palette sind - machen die Gesichtszüge weich, die Haut glatt und frisch und die Augen leuchten ihr aus dem Spiegel entgegen! Welch ein Unterschied Farben machen! Helene ist sprachlos und begeistert zugleich. Bei manchem Tuch fühlt sie sogar etwas. Eines nimmt ihr fast den Atem, sie spürt eine Last, einen undefinierbaren Druck.

Beim zweiten Analysedurchgang legt die Farbberaterin ihr nochmals dieselben Tücher um, aber dieses Mal kann Helene sie sehen. Und bei dem besagten Tuch verrät ihr die Beraterin, dass es dieses war, das ihr die Luft genommen hatte. Jetzt spürt Helene nicht viel, aber sie sieht dafür umso mehr. Schrecklich sieht sie aus, richtig krank! Das Tuch hat die Farbe Schwarz.

Sie erfährt, dass Schwarz keine eigene Heilkraft hat, sondern dass sie Licht und die Heilkräfte der anderen Farben absorbiert und somit die Trägerin schwächen, ja erdrücken kann. Jetzt dämmert es Helene, warum sie oft zur schwarzen Bluse gegriffen hat, wenn sie sich niedergeschlagen fühlte. Dazu noch die dunklen Haare – das war eine regelrechte Tarnung, hinter der sie sich versteckte.

Außerdem erfährt sie, warum sie schon immer gerne Grüntöne getragen hat und es sie plötzlich in die blaue Richtung zieht. Grün entspricht dem Herzchakra. „Grüne" Menschen begegnen den anderen mit Herzlichkeit, sie tun alles für die Familie, in der sie förmlich aufgehen, und für eine harmonische Stimmung. Streit ist ihnen absolut zuwider. Lieber ordnen sie sich unter, als das harmonische Miteinander durch Zwist zu gefährden. Sie ergreifen gerne helfende Berufe, um für andere da zu sein. Der Nachteil ist, dass diese Menschen oft ihre eigenen Bedürfnisse aus den Augen verlieren bzw. erst gar nicht (mehr) spüren.

Helene hat sich jahrzehntelang für die Familie „aufgeopfert" und ihre Erfüllung darin gesehen. Für sie war es das Wichtigste, gebraucht zu werden, ihre Fürsorge war Ausdruck ihrer Liebe. Eigene Bedürfnisse erlaubte sie sich nur selten zu spüren oder gar zu äußern.

Und hier sind wir bei der Entsprechung der Farbe Blau. Sie ist mit dem Kehlchakra, der Stimme, unserem Kommunikationsorgan, verbunden. Blau hilft, klare Worte zu finden, sich unmissverständlich mitzuteilen. Um die eigenen Bedürfnisse besser zu spüren, die Liebe zum Selbst und die Selbstakzeptanz zu stärken, ist Rosa die Farbe der Wahl. Und Rot kann (Helene) helfen, den Mut und die Kraft bzw. Leidenschaft zu spüren, um den eigenen Weg weiterzugehen.

Helene ist tief berührt und beeindruckt von der ganzheitlichen

Farbberatung, die sie gerade erfahren hat. Sie wurde als kühler Sommer-Winter-Mischtyp analysiert und die Farben, deren Energie sie gerade besonders „braucht", finden sich in ihrer Palette wieder. Letztere beinhaltet die nicht so sehr pudrigen Farben des Sommer- und die weniger kräftigen Farben des Wintertyps.

Sie setzt sich wieder auf das gemütliche Sofa, schenkt sich nochmal von dem köstlichen Jasmintee ein und schaut bei Reas Beratung zu.

Auch Rea ist hin und weg von der rein optischen Wirkung der Farben. Diese ist ihr nicht unbekannt, hat sie doch seit etlichen Jahren mit Farben ihr Äußeres spielerisch verändert, was ihr immer viel Freude bereitet hat. Als angehende Kunststudentin kennt sie auch den Farbkreis und weiß, was Komplementärfarben sind und dass diese sich gegenseitig verstärken.

Trotzdem ist es auch für Rea ein vollkommen neues und aufregendes Erlebnis, die Wirkung der Farben bewusst zu erfahren! Auch ihr junges, ungeschminktes Gesicht verändert sich bei manchen Farben zum Nachteil. Sie hat dunkle Ränder unter den Augen, Unreinheiten treten stärker hervor, um den Mund sieht sie irgendwie grünlich aus. Bei „ihren" Farben ist das Gesicht ebenmäßig und die Augen leuchten ihr aus dem Spiegel entgegen.

Sie erfährt, warum sie mit der Farbe Braun bislang nichts anfangen konnte bzw. sie nicht als Kleidung „an sich heranlassen" wollte. Braun ist verbunden mit „Mutter Erde", unseren Wurzeln, der Tradition. Das Thema „Mutter" ist ein braunes. Rea hat schon lange mit ihrer Mutter gebrochen, es gab vor vielen Jahren einen schlimmen Familienstreit. Ob sie deswegen so gern mit Helene, der Mutter ihrer Freundin, zusammen ist? Sie ist für sie so etwas wie eine mütterliche Freundin. Auch sie selbst, Rea, kann sich nicht in der Mutterrolle vorstellen. Eigentlich passen Kinder nicht in ihre Lebensplanung ...

Dafür liebt Rea die warmen und leuchtenden Farben. Sonnengelb, Orange, Tomatenrot, Grasgrün. Aber auch eher kühle Farben wie Türkis, Violett und Pink sind in ihrem Kleiderschrank zu finden. Bislang hat sie liebend gern alles durcheinander kombiniert. Je bunter, desto lieber.

Doch jetzt erfährt sie, dass sie ein Sommertyp ist. Der wird verdrängt durch warme und leuchtende Farben, die für den Frühlingstyp reserviert sind. Der „Sommer" lebt auf durch seine zarten, kühlen, pudrigen, gedeckten Farben. Trägt er seine Farben, dann wirkt das meist aschblonde oder -braune Haar sehr edel und gar nicht farblos.

Was heißt das jetzt für die „bunte" Rea? Sie konzentriert sich auf die Farben ihrer Sommerpalette bei Shirts, Blusen, Pullovern, Jacken, Kleidern, Schals und ergänzt diese mit ihren Röcken und Hosen in ihren Lieblingsfarben. Auch mit dem einen oder anderen Accessoire kann sie einen farblichen Akzent setzen.

Rea ist zunächst etwas enttäuscht, dass sie sich nicht mehr so kunterbunt kleiden kann, wie sie es gewohnt ist. Aber es sagt ja niemand, dass sie das nicht mehr tun kann oder gar darf, denn im Endeffekt ist es immer noch ihre Entscheidung, was sie wie und in welcher Farbe trägt.

Nur, sie hat mit eigenen Augen gesehen, was bestimmte Farben mit ihrem Gesicht machen, und das will sie nicht mehr, denn sie hat auch keine Lust mehr, gegen die negative Wirkung anzuschminken. Und falls sie eines Tages doch mal wieder Spaß daran haben sollte, so wird sie dies bewusst tun.

Der Empfehlung, sich mit dem braunen Thema auseinanderzusetzen, wird sie vielleicht nachkommen, aber zunächst muss sie noch etwas darüber nachdenken.

Die ganzheitliche Farbberatung wird abgerundet mit der Aushändigung ihrer speziellen Farben in Form eines Farbpasses. So können Helene und Rea beim Kleiderkauf direkt vergleichen, ob das tolle Kleid oder das coole Shirt sich farblich harmonisch in die eigene Palette einfügt.

Die beiden bedanken sich tief beeindruckt bei der Farbberaterin für die aufschlussreichen, berührenden letzten vier Stunden und machen sich auf den Heimweg.

(Ausführlichere Darstellungen bezüglich der Farbenergien und ihrer heilenden Wirkung finden Sie, liebe Leserin, im Literaturverzeichnis dieses Buches. Es gibt wunderbare und detaillierte Literatur zu diesem faszinierenden Thema.)

Unsere Einstellung zur Naturhaarfarbe bedingt die Art und Weise, wie wir mit ihr umgehen. Ob wir sie in ihrer Einmaligkeit annehmen und lieben können oder sie mit künstlicher Farbe verdecken müssen.

Die Nutzung des Potenzials jeder einzelnen Farbe stellt eine Chance dar, die wir wahrnehmen können bzw. sollten, um uns schließlich so annehmen zu können, wie wir sind.

(Die Farbflasche) loszulassen, bedeutet Kontrolle aufzugeben und zu vertrauen. Auf der Reise zu unserer wahren Natur, unserem wahren „Ich" können wir mithilfe der Farbenergie erkennen, in welchen Bereichen wir individuell Stärkung und Ausgleich brauchen. Entdecken wir den Regenbogen in uns, brauchen wir ihn nicht mehr auf unseren Köpfen!

Viele Wege führen zur Naturhaarfarbe

Helene ist von dem silberweißen, langen Haar der Farbberaterin absolut begeistert. Es bestärkt sie in ihrem Entschluss, ihr eigenes weißes Haar länger als zuvor wachsen zu lassen. Eine gute Basis ist der Bob mit Highlights, den sie mit Silbershampoo und -kur pflegt, um einen eventuell sich bildenden Gelbstich im Keim zu ersticken. Regelmäßiges Trimmen der Haarspitzen verhindert Spliss und die gefärbten Längen fallen nach und nach der Schere zum Opfer, um dem nachwachsenden Silberhaar Platz zu machen. Eines Tages wird nur noch das glänzende Silber Helenes Rücken bedecken ...

Auch Rea hat sich entschieden, ihr Naturhaar lang wachsen zu lassen. Sie möchte es in seiner ganzen Nuancenvielfalt und Schönheit genießen. Deswegen soll es ihr in ein paar Jahren mindestens bis zur Hüfte reichen ...

Highlights, Lowlights, Ombré Hair, Two-Tone-Look oder doch einen Pixie Cut?

Highlights alleine oder auch kombiniert mit *Lowlights* sind eine Möglichkeit, den Weg Richtung Naturhaarfarbe einzuschlagen. Abhängig davon, ob die gefärbten Längen heller oder dunkler als der nachwachsende Naturansatz sind, durchbrechen die entsprechend eingefärbten Strähnen die harte Ansatzlinie. Wichtig ist, dass nur die gefärbten Partien mit High- oder Lowlights versehen werden und nicht das nachwachsende Naturhaar! Ansonsten verlängert sich die

Zeit des Herauswachsens.

Für Diejenigen, die es nicht so eilig mit dem Erreichen ihrer Naturhaarfarbe haben, ist die Technik des *Ombré Hair* bzw. des *Two-Tone-Looks* vielleicht die geeignete Methode.

Hier wird der bereits gefärbte Teil beibehalten und weiter getönt, während ein Teil des nachgewachsenen Naturhaars farblich eingeblendet wird, so dass keine harte Farbgrenze, sondern ein weicher Übergang entsteht. Diese Technik ist besonders geeignet für Frauen mit längerem Haar, die ihre Länge beibehalten und sich bis zum Erreichen der kompletten Naturhaarfarbe Zeit lassen wollen.

Für den Look mit zwei Haarfarben kann frau sich natürlich auch ohne farbliches Einblenden entscheiden. „*Cold Turkey*" ist die einfachste Möglichkeit im Hinblick auf das farbige Mitwirken des Friseurs. Denn für diesen Weg bedarf es keiner Unterstützung durch den Haarprofi. Einfach wachsen und hin und wieder die Spitzen schneiden lassen, um Spliss vorzubeugen, heißt die Devise für Langhaarträgerinnen; Frauen mit kurzem Haar gehen wie gewohnt in kürzeren Abständen zum Nachschneiden und werden demzufolge auch schneller ihre Naturhaarfarbe pur auf dem Kopfe tragen.

Doch der „zweifarbige Haarweg" stellt sich für einen Teil der Frauen als der schwerste dar, weil sie den gefärbten Teil ihres Haares nun nicht mehr als zu ihnen gehörig empfinden und sie sich schließlich von ihm befreien „müssen", sprich, ihn abschneiden lassen.

Rea entschied sich für diesen Weg, indem sie sich den Kopf rasierte. Eine weniger radikale Version wäre ein *Pixie Cut*, ein sehr kurzer, femininer Haarschnitt.

Egal für welchen Weg des Übergangs wir uns entscheiden, wichtig ist, dass wir uns dabei wohlfühlen!

Experimentieren wir mit unserer Kleidung, dem Make-up und verschiedenen (Haar-)Accessoires. Auch Hüte oder Haarteile in der Farbe unseres Naturhaars können uns zu ungeahnten Stylingvarianten verhelfen. Im Netz gibt es diesbezüglich unzählige Anregungen und Vorschläge!

Zu einem gepflegten Gefühl während des Herauswachsenlassens tragen zudem ein guter Haarschnitt bzw. schöne Aufsteckfrisuren, ein dezentes Make-up und definierte, natürliche Augenbrauen bei.

Vorteile des Nicht-mehr-Färbens

Ein Vorteil, der sich direkt nach dem Einstellen des Haarefärbens zeigt, ist eine Kopfhaut, die sich endlich entspannen und sich seiner normalen Funktion zuwenden kann. Kein Jucken, Brennen, Kribbeln, Schuppen und Spannen mehr. Entscheiden wir uns für einen zweifarbigen Übergang, so müssen wir zunächst weiterhin die gefärbten Längen unseres Haares intensiv pflegen, um Haarbruch und Spliss weitestgehend zu vermeiden. Bei einem Kurzhaarschnitt muss die Pflege nicht ganz so ausgiebig sein.

Ist die Farbe aber einmal herausgewachsen bzw. abgeschnitten, so werden wir erstaunt sein, wie sehr sich der Pflegeaufwand, selbst bei längerem Haar, reduziert! Und obwohl wir weniger intensiv pflegen müssen, haben wir doch mit dem Naturhaar – sofern wir ansonsten schonend mit unserem Haar umgehen – nahezu keinen Haarbruch oder Spliss. Unser Haar glänzt und sieht nicht nur gesund aus, es *ist* gesund!

Wenn wir morgens in den Spiegel schauen, werden wir trotz verschlafenen Aussehens mit unserer Naturhaarfarbe ungeschminkt besser ausschauen als früher mit unserem gefärbten Haar.

Wir geben weniger Geld für Haarpflege und kein Geld mehr für Haarfarbe aus, was sich positiv auf den Inhalt unseres Geldbeutels auswirkt: Wir sparen Unmengen von Geld und können das Ersparte für Dinge ausgeben, die unsere Lebensqualität erhöhen und die wir uns zu Färbezeiten nicht leisten konnten! Wir fühlen uns unabhängig und frei!

Für Highlights und Lowlights geben wir kein Geld mehr aus, denn von der Natur bekommen wir sie kostenlos! Wir erhalten eine Haarfarbe, die einmalig ist und die niemand außer uns auf seinem Kopf trägt. Wir fühlen uns authentisch und unser Selbstvertrauen ist gewachsen. Wir sind ein Vorbild für andere, die mit dem Gedanken spielen, ihrer Naturhaarfarbe eine Chance zu geben, aber sich (noch) nicht trauen, den entscheidenden Schritt zu tun.

Haarforen: Beiträge und Interviews

Ich bin seit langer Zeit in verschiedenen Haarforen aktiv. Vieles, das ich hier in diesem Buch niedergeschrieben habe, fand seinen gedanklichen Ursprung im Austausch mit Frauen aus dem WWW.

Einige Beiträge zitiere ich im Folgenden mit der Erlaubnis der Verfasserinnen unter Angabe ihres Pseudonyms (NHF = Naturhaarfarbe):

„Wenn dir die NHF an sich nicht gefällt, bin ich glaub ich nicht der richtige Ansprechpartner für 'wirst sehen, das ist die BESTE Farbe die du je hättest kriegen können!!!!'-Motivation. Ich hadere ja selbst mit meiner Farbe. Manchmal weniger, manchmal so sehr dass ich kurz davor bin irgendwas aus dem Syoss-Haarfarbenregal mitzunehmen.

Ich denke, es hilft, wenn man sich das eingesteht und sich auch aktiv 'erlaubt', die eigene Naturhaarfarbe nur so mittelokay zu finden. Nicht jeder muss davon begeistert sein was ihm/ihr aus dem Kopf wächst. Naturhaarfarbe hat auch andere Vorteile, die vielleicht das Farbgefallen überwiegen? Pflegeleichtheit, Weathering, natürliche Strähnchenbildung, evtl mehr Glanz, dass die natürliche Struktur schöner rauskommt, so Sachen.

Und natürlich die Belohnung, wenn man fertig ist und es durchgehalten hat: dass man keinen Ansatz mehr hat und sehr viel Zeit, Geld und Nerven spart weil man nicht mehr 1 Woche lang nach dem Färben toll aussieht und sich dann 3-6 Wochen lang mit dem Ansatz rumärgern muss, bis man wieder dazu kommt nachzufärben. Und die Sicherheit, dass die Naturhaarfarbe eben immer zuverlässig bleibt. Künstliche Farbe kann auch mal anders ausfallen als sie soll, kann zu hell oder zu dunkel werden oder einen komischen Farbstich haben oder fleckig werden oder oder oder. Und das hätte man sich dann selbst zuzuschreiben. Das ist auch meine größte Motivation: wenn ich NHF trage, ist es wenigstens nicht meine Schuld dass ich so ne komische Haarfarbe hab. Die wächst so, ich kann nichts dafür.

Und hey: solang wir mit dem Rauswachsen noch nicht fertig sind, besteht immernoch die Chance, dass die NHF am Ende doch noch gefällt, dass wir die Farbe irgendwie doch noch ins Herz schließen oder uns zumindest dran gewöhnen. Bis dahin müssen wir uns halt die Zeit vertreiben. Vielleicht wäre eine bunte auswaschbare Tönung ja auch für dich was, um dich abzulenken?! Bei mir hat Colorista Wunder gewirkt. Nicht wirklich für die Farbe, aber fürs Gefühl."

(Rosmarin)

„@ G.: Ich kann verstehen, dass du mit dir haderst. Auch wenn es im LHN ein ganz anderes Schönheitsideal gibt, in der Gesellschaft werden graue Haare oft nur mit alt assoziiert. Und dadurch, dass alle Leute sich wie verrückt die grauen Haare überfärben, hat man ja auch gar kein Gefühl mehr dafür, wann es normal ist, zu ergrauen.

Mir ist vor einigen Jahren mal ein Mädchen begegnet, die Anfang 20 war und schon überwiegend ergraut. Das sah sooo toll aus. Und hat sie kein bisschen alt gemacht. Ich denke man muss das einfach mutig tragen.

Ich habe meine Haare fast mein ganzes Leben gefärbt. Meine aschblonden Haare habe ich früher gehasst. Ich war als Teenager so unglaublich schüchtern und wollte nicht schon von weitem als

graue Maus abgestempelt werden. Deswegen sollte die Farbe mei-
ner Haare etwas kräftiger sein. Heute bin ich selbstbewusster, ich
lasse meine NHF auch rauswachsen, weil ich das Gefühl habe, dass
ich die Farbe einfach nicht mehr brauche.

In dem Sinne: Graue Haare können so fantastisch aussehen -
und was man damit macht, hat man selbst in der Hand. Ob sie mit
30 kommen, mit 40 oder mit 50. Ich hoffe, dass du noch deinen
Frieden damit findest."

(lairja)

„(...) Denn es ist ein Unterschied, ob man aus Spaß an der Sache
oder um einer aktuellen Mode zu folgen hin und wieder zur Colo-
ration oder Tönung greift, oder ob man sich seiner natürlichen
Haarfarbe, die von überallher ständig als hässlich diffamiert und
mit scheußlichen Namen belegt wird, so sehr schämt, dass man
sich gezwungen fühlt, zu färben, wenn man nicht "hässlich" sein
will. (...)"

(Wind In Her Hair)

„Seit ich meine Haarfarbe mag ..... seh ich richtig gut aus."

(Black Star)

„Ich lasse jetzt standhaft seit September letzten Jahres raus-
wachsen ohne nennenswerte Färbegelüste bisher.

Manchmal gefällt mir meine NHF sehr gut, da sie teils wunder-
schön mandelfarben wirkt, dann wieder sieht sie einfach nur sehr
aschig mausgrau und furchtbar langweilig aus im direkten
Kontrast zu den gefärbten Längen.

Ich hab hier noch 3 neue Packungen Stufe 1 Tönung stehen,
falls ich es mal wirklich nicht mehr aushalte, aber bislang klappt es

unerwartet gut.

Interessant war auch die Reaktion von einer Arbeitskollegin: 'Du wirst auch langsam grau hm?' *ja ich habe beschlossen nicht mehr zu färben, ich will irgendwann lange silberne Haare haben* ... 'ach ja das Färben nervt, wenn noch 1 oder 2 andere aus der Abteilung nicht mehr färben würden, würde ich das auch aufhören'

Musste auch feststellen, dass den meisten Leuten nicht bewusst ist, dass grau-werden schon ab 30 völlig normal ist. Da jeder seine Haare färbt, denken die meisten, dass man erst im Greisenalter grau wird.(…)

(TanteKeksi)

Des Weiteren habe ich einen kleinen Fragenkatalog erstellt:

1. Wie alt bist du?
2. Was ist deine Naturhaarfarbe?
3. Färbst du deine Haare?
   Falls ja:
   > Warum färbst du?
   > Seit wann färbst du?
   > In welcher Farbe färbst du?
   > Warum hast du genau diese Farbe gewählt?
   > Unter welchen Gegebenheiten würdest du aufhören zu färben?

   Falls nein:
   > Hast du schon einmal gefärbt?
   > Falls ja, warum hast du aufgehört?
4. Falls du noch nie gefärbt hast:
   > Warum färbst du nicht?
   > Was gefällt dir besonders an deiner Naturhaarfarbe?

Hier die anonymen Antworten einiger Frauen (auch aus meinem sozialen Umfeld):

Alter: *41*

Naturhaarfarbe: *Mittelaschblond*

Coloration: *Nein*

Früher gefärbt: *Gut 25 Jahre lang*

Grund des Beendens: *Haargesundheit, und ich mag die NHF, und warten auf Silberlinge.*

Alter: *33*

Naturhaarfarbe: *Mittelblond*

Coloration: *Ja*

Grund: *Wegen der Individualität*

Wie lange: *Seit insgesamt 20 Jahren mit knapp 9 Jahren Pause.*

Welche Farbe: *Ich wechsle sehr oft die Farbe. Je nach Stimmung.*

Wann würdest du aufhören: *Ich habe zufällig heute beschlossen wieder aufzuhören, weil es mich nervt sobald ein mm Ansatz zu sehen ist und ich mich selber unter Druck setze. Und irgendwann sind die Haare einfach kaputt.*

Alter: *47*

Naturhaarfarbe: *Dunkelblond mit vielen Silberfäden*

Coloration: *Nein*

Früher gefärbt: *Ja, viele Jahre und sehr unterschiedlich - also so ziemlich die komplette Directionpalette und was so im Haarfarben-Regal herumsteht.*

Grund des Beendens: *Weil ich Haaransätze doof finde, habe* *ich früher schon in kurzen Abständen von 1 - höchstens 2 Wochen gefärbt. Bei Silberfäden sieht man noch schneller den Ansatz. Und außerdem habe ich bereits mit 15 versucht silbergraue Haare zu färben, was damals noch nicht möglich war. Jetzt werden sie endlich von allein silbern. Außerdem möchte ich möglichst lange gesunde Haare haben. Die aktuelle Haarlänge ist bis zu den Fingerspitzen des ausgestreckten Arms.*

Alter: 44

Naturhaarfarbe: *Dunkelgoldblond bis Hellgoldbraun*

Coloration: *Henna*

Grund: *Hauptsächlich wegen der Strukturverbesserung, die mir das Henna bringt. Henna macht meine superdünnen, gleichzeitig auch leider noch superwenigen Haare etwas fülliger, weniger fliegend, weniger fisselig und deutlich weniger frizzig als meine Naturstruktur (Henna glättet bei mir!). Ausserdem verhindert Henna bei mir seit Jahren erfolgreich Bruch und Spliss (welchen ich mit meiner unbehandelten Naturstruktur ständig hatte).*

Wie lange: *Mit Henna seit ca. 1998.*

Die Jahre davor hatte ich zeitweise alle Farben, die es beim Friseur und auch in der Drogerie so gab; da war im Laufe der Jahre alles dabei: von Wasserstoffblond bis hin zu Tiefschwarz ...

Welche Farbe: *Wie Henna eben so ist; Henna-Orange-Rostrot*

Warum speziell diese: *Passt super zu meinem Farbtyp, ich bin ein Herbsttyp! Und ich liebe warme erdige Rottöne! Noch dazu passt das super zu meinen moosgrünen Augen; das Hennarot bringt meine Augenfarbe bei Weitem deutlicher hervor als meine NHF das jemals tun würde!*

Wann würdest du aufhören: *Wenn ich plötzlich allergisch auf das Henna reagieren würde (Allergien gegen reines Henna* *sind allerdings extrem selten)*

Alter: *49*

Naturhaarfarbe: *Rotbraun mit Silbereinschlag*

Coloration: *Nein*

Früher gefärbt: *Ja, ist aber lange her*

Grund des Beendens: *Es war mehr eine Spielerei und ein Experimentieren. Meine natürliche Haarfarbe, auch jetzt mit dem sich vermehrenden Silber, gefällt mir einfach am besten.*

Alter: *52*

Naturhaarfarbe: *Mittel-/Dunkelaschblond mit Silberlingen*

Coloration: *Nein*

Früher gefärbt: *Ca. 30 Jahre lang*

Grund des Beendens: *Meine extrem feinen Haare brachen immer ab, egal ob Chemie oder Henna.*

-Wollte auch meine Naturhaarfarbe noch mal sehen bevor ich ganz versilbert bin.

-Wollte auch vermeiden, dass der Unterschied gefärbt zu Natur zu dolle auffällt und das Rauswachsenlassen schwieriger wird, deshalb genau vor 4 Jahren aufgehört.

Alter: *35*

Naturhaarfarbe: *Dunkelblond*

Coloration: *Nein*

Früher gefärbt: *Ja*

Grund des Beendens: *Weil es mich genervt hat, immer den Zwang zu haben, nachzufärben. Weil meine Haare immer kaputter wurden. Weil die Farbe nicht mehr schön aussah.*

Alter: *82*
Naturhaarfarbe: *grau meliert (Mittel- bis Dunkelaschblond)*
Coloration: *Nein*
Früher gefärbt: *Ja, 64 Jahre lang (hellblond)*
Grund: *Naturhaarfarbe war seit der Jugend nachgedunkelt*
Grund des Beendens: *Neugierde auf die neue Naturhaarfarbe mit vielen Silberlingen*

Alter: *50*
Natuhaarfarbe: *Dunkelblond*
Coloration: *Nein*
Früher gefärbt: *Ja, 30 Jahre lang (lila, rot, schwarz)*
Grund: *Um graue Haare zu verdecken*
Grund des Beendens: *Um „Ich" zu sein, keine Maske mehr*

Alter: *52*
Naturhaarfarbe: *Dunkelblond/Hellbraun*
Coloration: *Ja, länger als 30 Jahre (braun, Rottöne, früher blonde Strähnchen)*
Grund: *schon mit 18 das erste graue Haar, dann wurden es immer mehr – für mich steht grau für alt, altbacken, fade und eine gewisse frauliche Unattraktivität – es gibt aber Frauen mit grauen/weißen Haaren, die toll aussehen. Sind aber ein anderer Typ als ich – schminken sich (stark), was ich nicht tue*
Wann würdest du aufhören: *Würde sofort aufhören bei medizinischen Gründen (Juckreiz, Haarausfall, Ausschlag)*

Alter: *57*
Naturhaarfarbe: *Helles Aschblond und Grau*
Coloration: *Nein*

Früher gefärbt: *Ja*

Grund des Beendens: *Es macht die Haare kaputt, das Ergebnis gefiel mir nicht mehr, ich musste zu oft nachfärben, die grauen Haare nehmen die Farbe schlecht an*

Alter: *25*

Naturhaarfarbe: *Mittelaschblond*

Coloration: *Ja, seit ca. 13 Jahren*

Farbe: *Seit 9 Jahren Hellblond, davor Rot, Kastanie, Braun*

Grund: *Weil die Farbe frischer aussieht und ich meine Naturhaarfarbe zu fade finde*

Wann würdest du aufhören: *Bei gesundheitlichen Problemen*

Da die folgenden Antworten ausführlich sind und viel über die Motivation der befragten Frau aussagen, habe ich sie ungekürzt übernommen:

Alter: *20*

Naturhaarfarbe: *Hellaschblond*

Coloration: *Seit gut 2 Monaten nicht mehr*

Grund für die Coloration:

Weil ich meine Naturhaarfarbe mit beginnender Pubertät immer langweiliger fand und somit alles mögliche an Haarfarben ausprobieren wollte, griff ich das erste Mal zu Farbe. Ich war immer der Überzeugung, dass die nächste Haarfarbe "meine Farbe" für die nächsten Jahr sein wird, gefunden habe ich sie bis heute nicht. Die letzten Haarfarben waren gescheiterte Angleichversuche an die Naturhaarfarbe, um das Herauswachsen so angenehm wie möglich zu gestalten.

Wie lange gefärbt:

Das erste Mal färbte ich mit 14 Jahren, seitdem durchgehend

(bis auf ca. 1 Jahr Pause)

Welche Farben:

Angefangen habe ich mit schwarz, daraufhin folgten alle möglichen bunten Farben (von blau über lila und pink, knallrot und türkis). Am Häufigsten gefärbt wurde ein natürliches Kupferrot, daraufhin meist wieder schwarz.

Grund für das Färben:

Die bunten, unnatürlichen Haarfarben entstanden aus jugendlichen Launen heraus. Das Schwarz meist, weil ich mich damit einfach wohler gefühlt habe. Das Kupferrot, bei dem ich doch sehr häufig auch längere Zeit hängen blieb, da einige in meiner Familie von Natur aus kupferrot/blond sind. Ich finde naturrotes Haar wunderschön und faszinierend, bin aber leider nicht damit gesegnet.

Grund des Beendens:

Ich habe inzwischen nicht nur genug vom Färben (Ansatz nachfärben, Kostenpunkt, Farbe nie 1:1 wie gewünscht, außer bei Pflanzenhaarfarbe immer mit chemischen Inhaltsstoffen verbunden) extreme Kopfhautprobleme und Entzündungen (diese sind nicht auf bisheriges Färben zurückzuführen, habe deshalb aber schon Antibiotikumkuren etc. hinter mir). Ich bin demnach dazu gezwungen, aktuell nicht zu färben, es fällt mir aber enorm schwer und ich kann mich (noch) nicht darauf festlegen, dass ich in den nächsten Monaten nicht doch wieder zum Farbtübchen greife.

Ein Wort zum Schluss

Während des Schreibens an diesem Buch hat sich meine eigene Haargeschichte natürlich auch weiterentwickelt.

Nachdem ich mich *bedingungslos* für meine Naturhaarfarbe entschieden hatte, konnte ich die mit Henna rotbraun gefärbten Längen nicht mehr sehen – nein, ich konnte sie schlichtweg nicht mehr *ertragen* und … trennte mich von ihnen: Ich nahm meine Haarschere und schnitt mir selbst einen Pixiecut. Ein Gefühl der Erlösung und Leichtigkeit stellte sich umgehend ein! Ich bereute den Schnitt seitdem keine einzige Sekunde.

Bleibt zu hoffen, dass die „Henna-Sehnsucht", die mich insbesondere immer im Herbst befallen hat (ich *liebe* die Herbstfarben!), dieses Mal ausbleibt. Ich werde auf jeden Fall versuchen, meine Vorliebe für Mahagonie- oder Weinrot auf meine Kleidung umzulenken. Als „Sommer" kann ich diese Rottöne gut tragen, sofern sie einen Blaustich haben.

Wir haben Ende August. Jetzt, da ich diese Zeilen, die Sie gerade lesen, schreibe, sind vier Monate vergangen und ich kann meine Naturhaarfarbe und vor allem den Silberanteil darin recht gut erkennen. Ich habe bei Weitem viel weniger „Silberlinge", als ich dachte. Dann habe ich diesbezüglich wohl die mütterlichen und nicht die väterlichen Gene geerbt, denn die Frauen in der Familie meines Vaters waren alle in meinem Alter – und schon früher – schlohweiß.

Meine Mutter ließ sich jetzt im Alter von 82 Jahren ihre seit der Jugend hellblond gefärbten Haare herauswachsen und ist wunderbar gleichmäßig meliert. Ihre Mutter, meine

Großmutter, hatte im gleichen Alter auch noch einen hohen Anteil pigmentierter Haare. Mein dunkelaschblondes Haar glänzt in verschiedenem Licht, trotz seiner Kürze, sehr facettenreich. Ich liebe es!

Wie bereits am Anfang dieses Buches erwähnt, möchte ich mein Haar mindestens bis zur Rückenmitte (idealerweise aber bis zur Taille) wachsen lassen. Das bedeutet für mich noch einen langen Weg bis dahin und vor allem: GEDULD! Ich lasse momentan immer wieder die Haare im Nacken schneiden und werde erst dann alles wachsen lassen, wenn die Haare über den Ohren mit letzteren auf gleicher Höhe sind. Also wird es (wieder) auf einen Bob hinauslaufen. Um dann die Schere wirklich auch loslassen zu können, muss ich mich auch mit meiner feinen und glatten Haarstruktur anfreunden. Aber das ist ein weiteres Thema …

Ich liebe mittlerweile meine Naturhaarfarbe, auch wenn ich mir mehr Silber darin wünsche. Aber es ist auch faszinierend zu sehen, wie sich das Aschblond an sich über die Jahrzehnte entwickelt hat. Silber als Haarfarbe ist Trend. Viele junge Frauen bleichen sich ihre Naturhaarfarbe und färben anschließend grau, um so den Granny Style zu erhalten. Aber werden sie ihr *natürliches* Grau auch noch als ältere Frau tragen?

Ich glaube, dass junge Frauen, die zu ihrer natürlichen Haarfarbe stehen, diese als einen natürlichen Teil ihres Körpers womöglich sogar lieben, auch im reiferen Alter eher ihr Silberhaar als Teil von sich annehmen können.

Im Endeffekt entscheidet jede Frau selbst, wie sie ihr Haar

tragen möchte. Gefärbt oder ungefärbt. Dieses Buch ist als Denkanstoß gemeint.

Dennoch möchte ich an Sie, liebe Leserinnen, appellieren:

Fangen wir an, zu uns und unserer Natur, unserem Alter zu stehen (ohne uns gehen zu lassen oder uns zu vernachlässigen)! Fangen wir kontinuierlich an, „ehrlicher" zu uns und unseren Mitmenschen zu sein und achtsamer mit unserer Natur und ihren natürlichen Prozessen umzugehen, dann wird sich in letzter Konsequenz auch unsere Gesellschaft ändern (müssen).

Und es werden nicht mehr Milliarden für die Kosmetikindustrie, Ästhetische Chirurgie, Fitnessindustrie und so weiter ausgegeben, sondern für (zum Beispiel) humanitäre Zwecke, Friedensprojekte und die Rettung unseres rebellierenden blauen Planeten.

Verleugnen wir nicht mehr länger unser Alter und messen uns ständig (ängstlich) an der Jugendlichkeit und wie viel davon wir uns über die Jahre „retten" können! Trauen wir uns, Falten und Silberhaar zu zeigen und setzen damit ein „selbst-würdigendes" Zeichen gegen den noch immer wachsenden Jugendwahn in dieser Gesellschaft, in der „alles machbar sein soll". „Yes, we can"? Was, wenn wir *das* gar nicht können *wollen*?! Vielleicht wollen wir ja etwas ganz anderes?

Yes, we *can* age! Ja, wir *dürfen* altern – und zwar in Würde und auf unsere eigene Weise schön!

Quellenverzeichnis

Hunkel, Karin (1996) *Das Arbeitsbuch zur richtigen Farbentscheidung – als Quelle von Schönheit, Harmonie und Gesundheit*, Kailash, S. 11–86, 101–125

Brost, Harald Prof. Dr. Dr., *Farbe – Spiegel der Seele*, in *Die Sammlung Schwarzkopf in neuem Licht „Sehnsucht nach Vollkommenheit"*, Hans Schwarzkopf GmbH, 1995

Jacoby, Bengt / Fröhling, Ingrid (1998/99) *Vorbeugen und heilen mit Farbtherapie*, Falken, S. 56–62

Junkerjürgen, Ralf u.a. (2009), *Haarfarben – Eine Kulturgeschichte in Europa seit der Antike*, Bölau, Literatur – Kultur – Geschlecht, Große Reihe Bd. 52, S. 210–233, 248–259, 262/263

Rogers, Jan (2015), *Going Gray Beauty Guide – 50 Gray8 Going Gray Stories*, Jan Westfall Rogers, S. 31–37

Ullmann, Fritz (1914–1922), *Ullmanns Encyclopädie der technischen Chemie*, 3. Aufl., Bd. 10, Herausg. W. Foerst. 1958, Urban und Schwarzenberg, S. 734

Chemisches Zentralblatt 1898, Herausg. Deutsche chemische Gesellschaft, S. 131

www.myAllergo.de, Internetportal der Firma MedicalLife Media GmbH & Co KG, abgerufen am 15.07.2017

Weiterführende Literatur

Frankling, Kama (2013) *Daring To Be Grey – How to confidently stop colouring your hair*, Kama Franklin

Hunkel, Karin (1996) *Die Kraft der Farben*, Gräfe und Unzer

Hunkel, Karin (2005) *Genzheitliche Farbberatung: Ein Ratgeber zur richtigen Farbentscheidung,* Schirner

Kreamer, Anne (2007) *Going Gray*, Anne Kreamer

Reichel, Sabine (2013) *Grau ist great – mit Stolz und Stil in ein neues Leben*, Heyne

Ich danke ...

... meiner Mutter Gertrud, durch die ich überhaupt für das Thema „Haar" sensibel wurde

... meiner Freundin Mo, die sofort „Feuer und Flamme" für meine Buchidee war, für ihre wertvollen Anregungen und ihr ausführliches Feedback

... meinem Freund Claus, der mir in schwierigen Schreibphasen mit motivierenden Worten immer wieder bestätigte, auf dem richtigen Weg zu sein

... meiner Tochter Ronja für ihre Mitgestaltung des Covers

... allen Forenuserinnen und Interviewpartnerinnen für ihre Unterstützung, ihr Vertrauen in mich und das Einverständnis, ihre Beiträge für dieses Buch nutzen zu dürfen

... Claudia, Kerstin, Monika und Hanne für ihre Kritik zwecks abschließender Änderungen

... meinem „Wing" Sylke Richter für ihre wertvolle Unterstützung als erfahrene Autorin

... meinem Lektor Jörg Querner vom Lektorat Anti-Fehlerteufel für seine kostbaren Anregungen und seine tatkräftige, professionelle Hilfe bei der Veröffentlichung

... dem Fotograf Volker Fürste des Studios Blende 8 für das Autorenfoto, das entspannte Ambiente beim Shooting und sein Interesse am Buchthema

Und allen Frauen im WWW, deren persönliches Thema auch zu meinem wurde.

FSC
www.fsc.org
MIX
Papier | Fördert
gute Waldnutzung
FSC® C083411

Zeitfracht Medien GmbH
Ferdinand-Jühlke-Straße 7
99095 Erfurt, Deutschland
produktsicherheit@kolibri360.de